ZETSUMETSU DOBUTSU ZUKAN

HAIKEI JINRUISAMA BOKUTACHI ZETSUMETSU SHIMASHITA
by Watari Numagasa
Supervised by Keiji Matsuoka
edit: Shiho Nakano(EDIT CO.,LTD)
planning & cover design Masanobu Fukugasako(EDIT CO.,LTD)
typesetting SENRI Co.,Ltd
produce: Yumi Horie(PARCO CO.,LTD.)
Copyright © 2018 Watari Numagasa/Keiji Matsuoka/EDIT CO.,LTD./PARCO CO.,LTD.
All rights reserved.
Original Japanese edition published by Parco Publishing
Korean translation copyright © 2019 by Mirae N Co., Ltd.
This Korean edition published by arrangement with Parco Publishing
through HonnoKizuna, Inc., Tokyo, and BC Agency

이 책은 BC 에이전시를 통해 일본의 PARCO CO.,LTD.와 독점 계약하여 한국어판 출판권이 (주)미래엔에 있습니다.
저작권법에 의해 한국 내에서 보호를 받는 저작물이므로 무단 전재와 복제를 금합니다.

차례

이 책을 읽는 방법 ··· 5

🦣 지구의 역사와 생물의 변천 ··· 6
🦣 그래서 대체 '멸종'이란? ·· 7
🦣 인류의 영향으로 생물이 멸종하는 과정 ························ 8

PART 1　신생대 팔레오기·네오기 ································ 9
📕 신생대 팔레오기·네오기는 이런 시대다! ···················· 10

다리는 짧아. 헤엄쳐라, 고래여!	암불로케투스 ················ 11
무서워할 만한 새?	가스토르니스 ······························· 13
칼 같은 송곳니	틸라코스밀루스 ······························· 15
아무리 봐도 기묘한 이빨과 몸!	데스모스틸루스 ········ 17
고래를 먹는 '도마뱀의 왕'?	바실로사우루스 ············ 19
사상 최대의 육상 포유류	파라케라테리움 ················ 21
일본 북쪽 땅에 살던 펭귄처럼 생긴 새	홋카이도르니스 ········ 23
개와 고양이의 갈림길	미아키스 ································ 25
메가톤 샤크	메갈로돈 ··· 27
최초의 펭귄	와이마누 ·· 29
먼 옛날, 하늘의 왕	아르젠타비스 ···························· 31
두 개의 뿔을 가진 거대 전차!	아르시노이테리움 ····· 32
큰 입으로 덥석덥석	앤드류사쿠스 ··························· 33
덧니 난 고래?	오도베노케톱스 ······························· 34
반은 말, 반은 고릴라?	칼리코테리움 ······················ 35
아, 옛날이여!	카멜롭스 ·· 36
고기가 좋아! 원시 판다	아일루아락토스 ·················· 37
사라져 버린 '잃어버린 고리'!	다위니우스 ················ 38
먼 옛날의 거대한 뱀	티타노보아 ···························· 39
빙글빙글 악마?	팔라에오카스토르 ······················· 40
남아메리카 땅을 거닐던 거대한 새	포루스라코스 ····· 41
삽 모양 턱을 가진 거대 코끼리	플라티벨로돈 ········· 42

PART 2 　　신생대 제4기 ① 　　플라이스토세 ·· 43
🦣 신생대 제4기 플라이스토세는 이런 시대다! ··· 44
🦣 멸종 뉴스 　살아 있는 화석 ·· 44

진짜 킹콩	기간토피테쿠스 ·······································	45
털복숭이 거대 짐승	털매머드 ··	47
사냥하는 거대 고양이	스밀로돈 ··	49
공포의 고대 늑대	다이어울프 ···	51
바닷속에서 안녕?	나우만코끼리 ··	53
뼈대 있는 곰	동굴곰 ···	55
어둠 속 사자	동굴사자 ··	57
초 거대 나무늘보	메가테리움 ···	59
다리가 긴 '곰'?	아르크토테리움 ···	61
자이언트 유니콘	엘라스모테리움 ···	62
긴 다리 올빼미	오르니메갈로닉스 ······································	63
수수께끼투성이 상아	데이노테리움 ··	64
울트라 웜뱃	디프로토돈 ···	65
최강 아르마딜로	도에디쿠루스 ··	66
강철 같은 몸을 가진 캥거루	프로콥토돈 ···	67
이거, 악어인 거?	마치카네악어 ··	68
텀벙텀벙 거북이	메이올라니아 ··	69
파충류의 왕	메갈라니아 ···	70

PART 3 　　신생대 제4기 ② 　　홀로세 ·· 71
🦣 신생대 제4기 홀로세는 이런 시대다! ·· 72
🦣 멸종 뉴스 　멸종했다고 알려졌던 환상의 물고기 ······································· 72

입 속의 어린이집	남부위부화개구리 ······································	73
전설 속 로크를 닮은 거대한 새	코끼리새 ··	75
멸종으로 가는 불운한 길	큰바다쇠오리 ··	77
우리는 카리브 가족!	카리브해몽크물범 ······································	79
하늘을 가리는 뿔	큰뿔사슴 ··	81
얼룩말과 말의 중간	콰가얼룩말 ···	83
우와, 거대한 새	자이언트모아 ··	85
잘 가시게, 멸종 새여!	스티븐스섬굴뚝새 ······································	87
커다란 바다짐승의 비극적인 결말	스텔러바다소 ··	89

숲의 수호신	일본늑대	91
전설의 탄생	바바리사자	93
신세기 멸종게리온	핀타섬코끼리거북	95
태즈메이니아의 호랑이	태즈메이니아늑대	97
힘센 여우원숭이	메갈라다피스	99
하늘을 한가득 덮었던 날개는 어디로?	여행비둘기	101
세계에서 멸종으로 가장 유명한 새	도도	103
따닥따닥 멸종	흰부리딱따구리	105
살아 있는 소, 살아난 말	우시우마	106
이제 만날 수 없는 소?	오록스	107
아열대 섬의 가수	오가사와라마시코	108
사라진 두꺼비	황금두꺼비	109
나는 박쥐, 너 배고파?	괌큰박쥐	110
강력한 두 발	툴라키왈라비	111
호랑이여, 영원히……	자바호랑이	112
잃어버린 수달?	일본수달	113
너른 하늘의 지배자	하스트독수리	114
오리여, 잠미 같은 오리여!	분홍머리오리	115
남쪽 섬의 라쿤	바베이도스라쿤	116
열대의 꿀을 쪽쪽	하와이꿀먹이새	117
멸종의 롤러코스터	히스헨	118
여우? 늑대?	포클랜드늑대	119
한없이 사슴에 가까운 블루	파란영양	120
아름답고 화려한 레드	쿠바붉은머코	121
환상의 물총새?	미야코섬물총새	122
설마 했던 화석	안경가마우지	123
양쯔강에 양쯔강돌고래가 돌아온 고래?	양쯔강돌고래	124
웃을 수 없는 운명	웃는올빼미	125

- 지금은 여섯 번째 대멸종기? ········· 126
- '적색자료집'이란? ········· 127
- 멸종을 막기 위해서는 ········· 128

맺음말		129
용어 해설		130

4

이 책을 읽는 방법

앞면

각 장의 시대가 어떤 기후였고, 그 시대에 어떤 동식물이 살았는지를 알려 줍니다.

동물 이름과 학명을 소개합니다.

동물이 살아간 시대, 또는 멸종한 시대를 표기하였습니다.

뒷면

동물과 관련된 이야깃거리를 다룹니다. "이럴 수가!"라고 외치고 싶은 이야기가 있을지도……!

분류, 전체 길이, 추정 체중, 서식지, 멸종 시기 등 동물의 기초 정보와 토막 상식을 알려 줍니다. 멸종한 동물의 실제 크기를 상상해 보세요.

● 한쪽만 다룬 동물은?

동물 이름, 분류와 전체 길이, 추정 체중, 서식지, 멸종 시기 등의 기초 정보를 실었습니다.

동물의 생태와 연구 결과를 설명합니다.

5

지구의 역사와 생물의 변천

이 책에 등장하는 동물들은, 지금은 살아 있는 모습을 볼 수 없는 동물들입니다. 머나먼 옛날에 살았던 동물의 흔적은 **화석** 등을 통해서 알아볼 수 있습니다.

지층 안에서 발견된 화석의 연대를 조사하여, 생물계의 큰 변화나 지각·기후의 변화 등으로 '**지질 시대**'를 구분합니다.

그러면 지구가 탄생한 뒤 생명이 태어난 선캄브리아 시대 이후부터 지질 시대를 구분하여, 생물들이 어떤 시대에 나타나서 진화해 왔는지를 간단하게 살펴봅시다.

신생대	포유류의 시대	제4기	… 현생 인류 출현, 인류의 시대	현재
		네오기	… 인간의 선조 탄생, 포유류의 다양화	
		팔레오기	… 거대한 포유류 출현	약 6600만 년 전
중생대	파충류의 시대	백악기	공룡 따위의 대형 파충류와 암모나이트의 전성기	
		쥐라기		
		트라이아스기	… 공룡 출현, 최초의 포유류 출현	약 2억 5200만 년 전
고생대	양서류의 시대	페름기	… 사상 최대의 대멸종(궁금하면 124쪽으로.)	
		석탄기	… 거대한 양치식물이 삼림을 형성, 양서류의 전성기	
	어류의 시대	데본기	… 어류의 전성기, 최초의 양서류 출현	
		실루리아기	… 육상 식물 출현	
	무척추 동물의 시대	오르도비스기	… 최초의 척추동물인 어류 출현, 오존층 형성, 생물의 육상 진출	
		캄브리아기	… 캄브리아기 대폭발, 다양한 생물의 출현	약 5억 4100만 년 전
		선캄브리아 시대	… 지구 탄생, 원시 생명 탄생	약 46억 년 전

신생대란?

이 책에서는 6600만 년 전부터 현재까지인 **신생대**를 살았던 동물들을 소개합니다. 신생대는 오른쪽 표처럼 더 자세하게 시대를 구분할 수 있습니다.

신생대	제4기	홀로세	현재
		플라이스토세	1만 년 전
	네오기	플라이오세	258만 년 전
		마이오세	530만 년 전
	팔레오기	올리고세	2300만 년 전
		에오세	3400만 년 전
		팔레오세	5600만 년 전
			6600만 년 전

그래서 대체 '멸종'이란?

　멸종이란 '**생물의 한 종류가 아주 없어지는 것**'을 말합니다. IUCN(세계자연보전연맹, International Union for Conservation of Nature)에서는 멸종을 '**마지막 개체가 죽었다는 점에 대해 합리적으로 의심할 여지가 없는 상태**'라고 정의합니다. 우리나라에서는 IUCN의 분류에 따라 멸종 위기 동물을 분류하여 보호하고 있습니다. 또한 환경부·해양수산부·문화재청·산림청에서 '국가보호종'을 지정하여 관리하고 있습니다.

왜 멸종할까? 멸종의 원인은 무엇일까?

　지구상에 나타났던 많은 **동물은 다양한 원인에 의하여 멸종하고, 진화를 반복해 왔습니다.** 동물들이 멸종한 원인은 **다음과 같습니다.**

원인 1. 환경 변화

　지구에서는 오랜 세월 동안 여러 차례 운석 충돌, 화산 폭발, 대류 이동 등에 의한 **심각한 환경 변화**가 일어났습니다. 이는 생물 멸종의 큰 원인이 되었습니다. 예를 들어 화산이 폭발하면서 분출된 화산재가 대기를 뒤덮어 **기온이 급격하게 떨어지면**, 초식 동물의 먹이인 식물이 살 수 없게 됩니다. 식물이 줄어들면 초식 동물의 숫자도 크게 줄어들고, 결국 초식 동물을 먹는 육식 동물까지 먹이를 구하지 못해 멸종하게 됩니다.

원인 2. 진화의 영향

　모습이나 성향이 다른 여러 동물이 무작위로 존재했던 것을 보면, 동물의 진화에는 정해진 방향이 없다는 걸 알 수 있습니다. 우연히 **자신이 속한 환경에 적응해서 살아남은 동물은 오늘날까지 살아남을 수 있었고, 환경에 적응하지 못한 동물은 멸종**해야 했습니다.

원인 3. 인류가 끼치는 영향

　인류가 등장하기 전에는 환경 변화 등으로 많은 동물이 멸종했습니다. 그러나 **인류가 등장하고, 인간의 활동이 번성**해 가면서 자연 파괴와 환경 오염이 심해져서 멸종하는 동물이 생겨났습니다. 또한 **서식지를 잃거나** 밀렵으로 **남획**되고, 가축을 습격한다는 이유로 **마구 붙잡히면서** 멸종하는 동물이 더욱 많아졌습니다.

인류의 영향으로 생물이 멸종하는 과정

보통 생물은 단 하나의 이유로 멸종하지 않습니다. 개체 수에 영향을 주는 다양한 원인이 더해지면서 개체 수가 점점 줄어들게 되면 결국 생물은 멸종하고 맙니다. 이러한 현상을 '**멸종의 소용돌이(Extinction Vortex)**'라고 합니다.

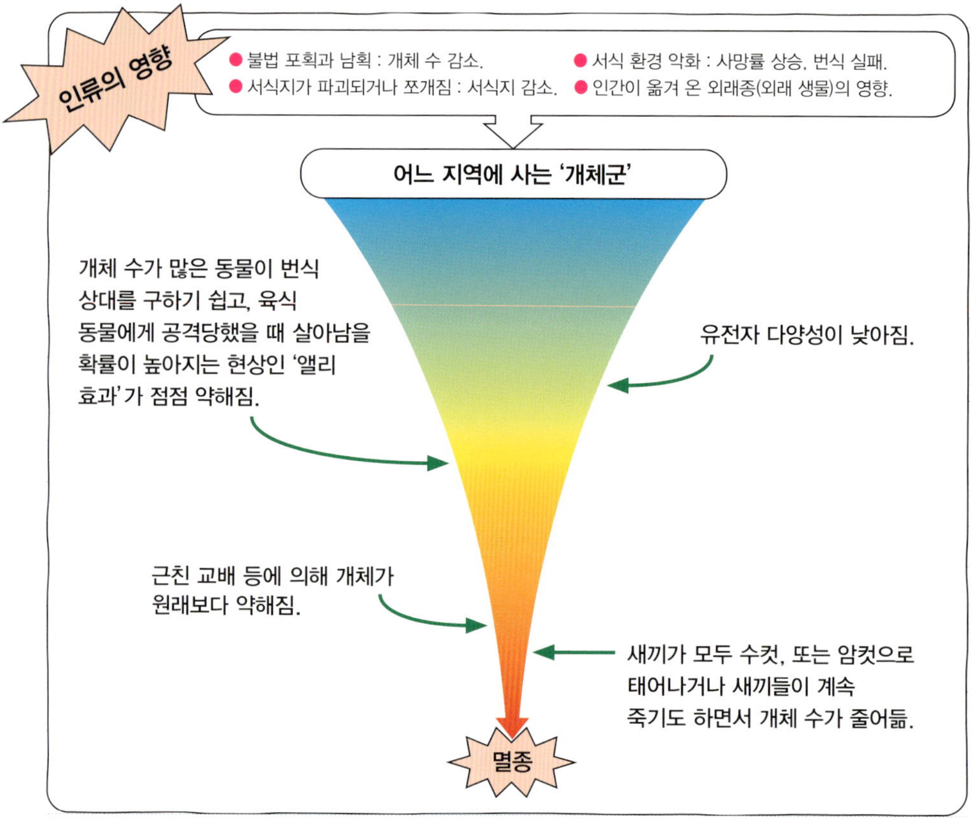

인류의 영향
- 불법 포획과 남획 : 개체 수 감소.
- 서식지가 파괴되거나 쪼개짐 : 서식지 감소.
- 서식 환경 악화 : 사망률 상승, 번식 실패.
- 인간이 옮겨 온 외래종(외래 생물)의 영향.

어느 지역에 사는 '개체군'

개체 수가 많은 동물이 번식 상대를 구하기 쉽고, 육식 동물에게 공격당했을 때 살아남을 확률이 높아지는 현상인 '앨리 효과'가 점점 약해짐.

유전자 다양성이 낮아짐.

근친 교배 등에 의해 개체가 원래보다 약해짐.

새끼가 모두 수컷, 또는 암컷으로 태어나거나 새끼들이 계속 죽기도 하면서 개체 수가 줄어듦.

멸종

생물이 멸종하면 어떤 문제가 일어날까?

우리는 **식량**이나, **의류**, **의약품**이나 **산업 자재** 등 주변의 많은 것을 **자연에서 받으며** 살아가고 있습니다. 그런데 생물이 멸종하면, 이러한 **자원도 사라집니다**. 또 긴 시간에 걸쳐서 진화해 온 생물을 인류의 형편에 따라 멸종으로 몰아가는 것은 인간만을 중요하게 생각하는 이기적인 행동입니다. 지구에서 살아가는 **한 생물**로서 **다른 생물을 존중하고 함께 살아가려 노력하는 것**은 우리 인류가 짊어져야 할 책임과 의무일 것입니다.

~ 신생대 팔레오기·네오기는 이런 시대다!~

● 신생대 팔레오기

기간	6600만 년 전부터 2300만 년 전까지.
기후	중생대부터 시작된 온화한 기후가 계속 이어졌다.
주요 동물	· 작은 원시 포유류가 다양해지면서, 오늘날 존재하는 거의 모든 포유류의 직접적인 조상이 등장했다. · 지금은 멸종한 거대 육식 조류가 먹이 사슬의 꼭대기에 있었다.
주요 식물	· 커다란 속씨식물이 많이 나타났으며, 열대 식물이 전 세계에 널리 퍼졌다. · 곤충이 꽃가루를 옮겨 수분이 이루어지는 충매화가 많이 나타났고, 벗과 식물 등도 늘어났다.

● 신생대 네오기

기간	2300만 년 전부터 258만 년 전까지.
기후	후기에 접어들면서 기후가 건조해지고 추워지기 시작했다. 남극에서는 빙하가 육지 전체를 뒤덮었고, 플라이오세 끝 무렵에는 빙하기가 시작되었다.
주요 동물	코뿔소와 말 등이 속한 기제류, 낙타 등이 속한 우제류 같은 포유류가 서식했다.
주요 식물	· 기후가 추워지자, 팔레오기에 많이 볼 수 있었던 열대 식물은 현재의 열대·아열대 지역으로 서식 범위가 줄어들었다. · 북반구의 한대에서는 낙엽수가 생겨났고, 남반구에서는 참나뭇과가 주로 자라는 삼림이 나타났다. 또 기후가 건조해지면서 벗과 식물이 많이 서식하는 초원이 늘어났다.

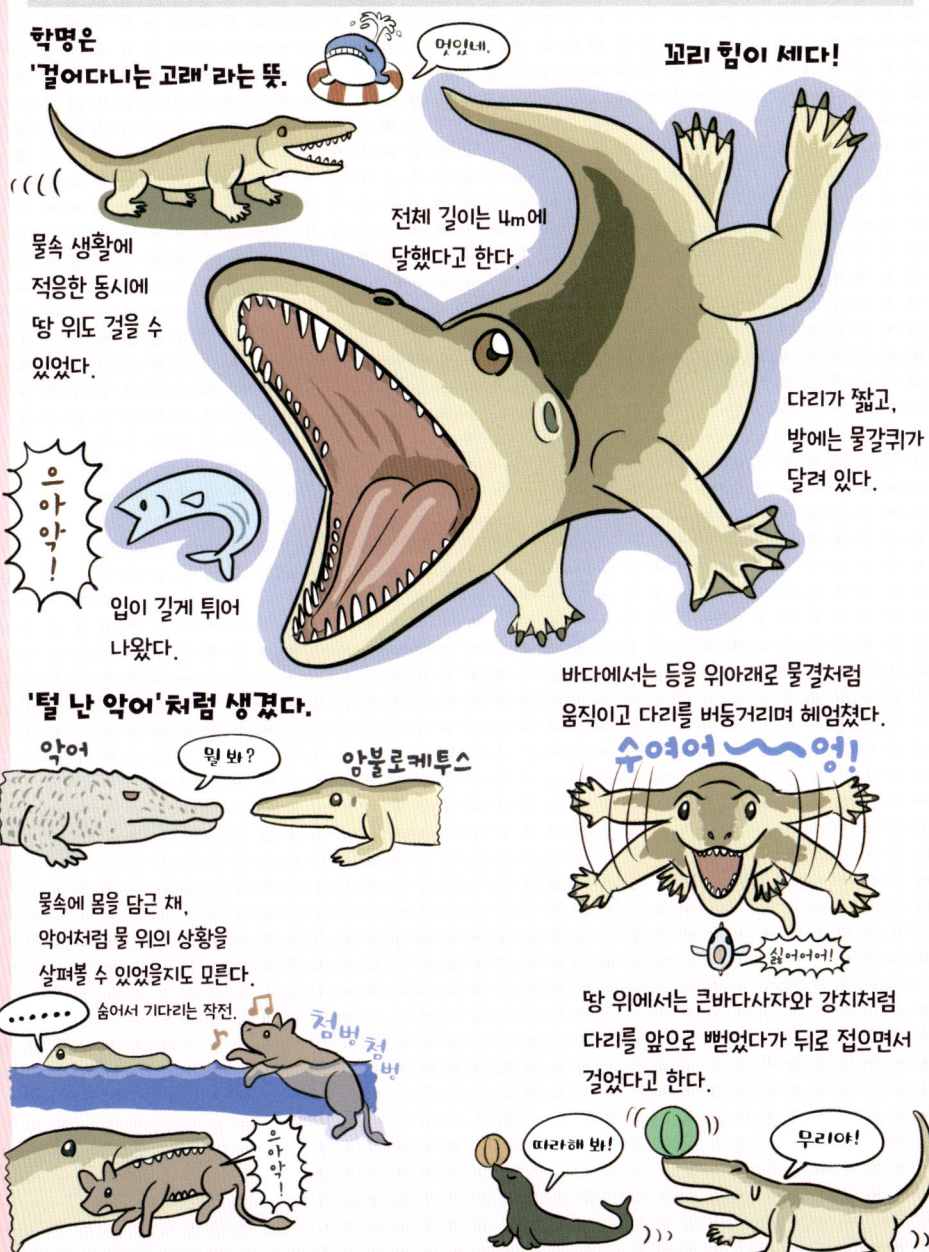

백 투 더 바다!

고래가 어쩌다가 바다에 살게 되었는지는 생물학계에 남겨진 큰 수수께끼 중 하나였다.

그러나 최근 수십 년 동안, 5500만 년 전부터 3400만 년 전 사이에 만들어진 지층에서 발견된 고래 화석을 통해 서서히 그 비밀이 풀리고 있다.

이때 원시적인 고래가 육지에서 바다로 이동했다.

당시, 지구에 넓게 펴져 있던 얕은 바다는 따뜻하고 먹이가 풍부했다. 또한 공룡이 번성했던 시대에 바다를 지배하던 플레시오사우루스(Plesiosaurus)나 모사사우루스(Mosasaurus) 같은 대형 파충류가 멸종한 후였기 때문에 바다에는 대형 포식자의 자리가 비어 있었다. 포유류에게는 바다로 진출할 절호의 '찬스'였던 것!

암불로케투스는 고래 진화의 '열쇠'를 쥐고 있다!

왜냐하면 암불로케투스 화석이 발견된 곳 근처에서 바다에 사는 조개류와 육지에 사는 포유류 화석이 모두 발견되기 때문이다. 암불로케투스는 바닷물과 민물이 있는 곳 양쪽 모두에서 생활했던 것 같다.

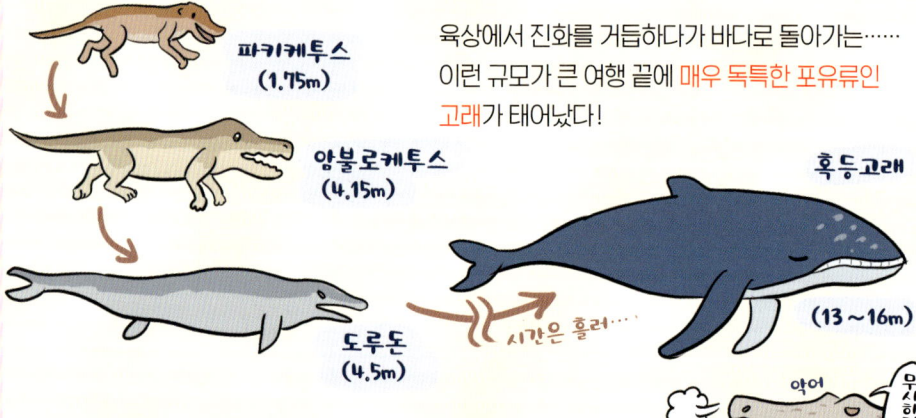

육상에서 진화를 거듭하다가 바다로 돌아가는…… 이런 규모가 큰 여행 끝에 매우 독특한 포유류인 고래가 태어났다!

한편, 바다와 민물이 있는 지역에 머물던 암불로케투스가 비슷한 생태를 가진 악어와 경쟁하다 패하면서 멸종했다는 설도 있다.

분류 : 포유강 고래목 암불로케투스과   전체 길이 : 4m
추정 체중 : 알 수 없음   서식지 : 현재의 파키스탄, 인도 지역
멸종 시기 : 약 4900만 년 전 (팔레오기 에오세 초기)
비고 : 외이(소리를 모으는 역할을 하는 귀의 바깥쪽 부분)가 없어서 육지에서는 조금 불편하게 생활했을지도 모른다.

인정사정 볼 것 없다! 신생대 투쟁!

6600만 년 전, 중생대 백악기 말의 대멸종에서 살아남은 동물은 조류였다.
대멸종 후, 조류의 종류는 다양해졌다. 이 시기에 현재 존재하는 조류의 대부분이 나타났다. 익룡과 다투던 조류가 마침내 하늘의 지배자가 된 순간이었다!
한편 지상의 생태계에도 마침 '강력한 육식 동물'의 자리가 비어 있었다.

놀랍게도, 한때 조류는 하늘뿐 아니라 땅 위의 지배자 자리를 두고 포유류와 경쟁할 정도였다고 한다.
가스토르니스는 그런 강력한 조류, '공포새(Terror birds)' 중 하나였다.

그렇지만 육식 포유류가 세력을 넓히면서, 알을 빼앗기거나 먹이 경쟁에서 지는 일도 생겨났다. 결국 가스토르니스 같은 공포새는 모습을 감추게 되었다고 한다.

만일 가스토르니스가 땅 위의 지배자 경쟁에서 승리했다면,
현재 사바나의 풍경은 달랐을지도 모른다.

- 분류 : 조강 가스토르니스목 가스토르니스과
- 전체 길이 : 약 2m   추정 체중 : 200~500kg
- 서식지 : 북아메리카, 유럽
- 멸종 시기 : 약 5000만 년 전 (팔레오기 에오세)
- 비고 : 두루미에 가까운 종으로 생각했는데, 최근에는 닭·기러기에 가깝다는 설도 있다.

칼 같은 송곳니
틸라코스밀루스 <Thylacosmilus artrox>

육식 유대류는 왜 사라졌을까?

약 700만 년 전, 남아메리카 생태계를 지배했던 유대류!

검치호랑이로 알려진 식육목 '스밀로돈'과 닮았다.
그러나 실제로는 코알라나 캥거루 같은 유대류에 속한다.

스밀로돈 / 틸라코스밀루스 / 코알라 / 캥거루
"섞여 있기 무섭네."

유대류의 고향은 중앙아시아! 그곳에서, 옛날에는 육지로 이어져 있던 '알류샨 열도'를 지나 남·북아메리카, 남극 대륙을 거쳐 오스트레일리아로 퍼져 나갔다.

넓적하며 기다랗고 날카로운 송곳니를 가졌다.

이 송곳니를 자유자재로 사용할 수 있도록 턱이 **120도**까지 벌어졌다.

평생 자라는 송곳니를 보호하기 위해 아래턱에 '칼집'처럼 길게 튀어나온 부분이 있었다.

두껍고 튼튼한 네 다리! 앞발로 먹이를 눌러서 움직이지 못하게 했다.

당당하고 **힘이 센 육식 동물** ……이었을까?

틸라코스 '무사'

신생대 · 팔레오기 · 네오기

15

기다란 송곳니는 강력했을까?

길고 멋진 송곳니를 가진 틸라코스밀루스…….
틀림없이 씹는 힘도 매우 강했을 것이라고 생각하겠지만,
사실 **틸라코스밀루스의 턱 힘은 심하게
약했다고 한다!**

달리기도 그다지 빠르지 않았기 때문에, 숨어서
먹잇감을 기다렸다가 습격하는 전략을 택했던 것 같다.

목 근육을 사용해서 커다란 송곳니를 휘둘러 먹잇감을 찌른 뒤,
피를 많이 흘린 먹잇감이 죽기를 기다렸으리라 추측한다.

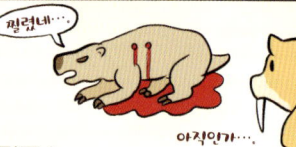

턱 힘은 약하지만 힘센 육식 동물로서 생태계에 군림한 틸라코스밀루스…….
그러나 북아메리카 대륙에서 온 **민첩한 대형 식육목과의 경쟁**이 다가오고 말았다!

이젠 먹이가 피를 많이 흘려 죽기만을
느긋하게 기다려서는
살아갈 수 없었다.
**틸라코스밀루스가 먹고 살기
힘든 각박한 시대가 찾아왔다.
결국 틸라코스밀루스는
사라져 갔다.**

- 분류 : 포유강 스파라소돈목 틸라코스밀루스과
- 전체 길이 : 1.2~1.7m   추정 체중 : 80~120kg
- 서식지 : 남아메리카 (아르헨티나)
- 멸종 시기 : 약 300만 년 전 (네오기 플라이오세 후기)
- 비고 : 이빨은 송곳니와 어금니뿐이었던 것으로 보인다.

일본에서 온 데스모스틸루스

데스모스틸루스가 속한 속주목은 꽤나 독특한 멸종 동물이다.
골격이나 이빨 모양도 특이하고, 그 생태도 여전히 수수께끼에 싸여 있다.
아직 기원조차 알려지지 않은 동물!

**그런 속주목이지만 어째서인지
일본과는 인연이 깊다.**
특히 데스모스틸루스와 팔레오파라독시아 화석은 일본에서 엄청나게 많이 발견된다.

사실 일본에서는 동물 화석이 별로 발견되지 않는 편이다.
그러나 아쇼로아나 베헤모톱스를 포함하여 속주목 화석만은 다양한 종류가 발견되고 있다!
**일본에서 발견된 화석만 모아도,
속주목 목록을 완벽하게 채울 수 있을 정도!**

그야말로 '일본을 대표하는 고생물'이라고 불러도 될 법한 속주목…….
왜 일본에서 유난히 많은 속주목 화석이 발견되는 것일까?

네오기 마이오세 중기부터 후기 사이, 일본 주변에는 많은 섬이 있었다. 즉, 속주목이 살기 좋은 해안도 많았다.
또 그 당시 일본은 지금보다 기후가 따뜻해서 바닷가에 '맹그로브'가 널리 서식했다. 맹그로브의 촘촘한 뿌리는 바닷물이 나르는 물질을 더 잘 퇴적시키는 역할을 한다. 이러한 맹그로브의 역할 덕분에 화석이 만들어지기 쉬운 환경이 되었다. 이것이 일본에서 데스모스틸루스 화석이 많이 발견되는 이유라고 한다.

**일본과 신비로운 인연으로 묶인
데스모스틸루스와 속주목 친구들…….**
앞으로도 계속될 새로운 발견을 기다려 보자!

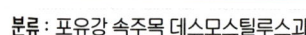

- 분류 : 포유강 속주목 데스모스틸루스과
- 전체 길이 : 1.8m   추정 체중 : 200kg
- 서식지 : 북아메리카 대륙의 태평양 연안 ~ 일본
- 멸종 시기 : 약 1000만 년 전 (네오기 마이오세 후기)
- 비고 : 하마와 닮은 동물이지만, 화석을 연구해 보니 골밀도는 돌고래에 가까웠다고 한다.

고래를 먹는 '도마뱀의 왕'?
바실로사우루스 <Basilosaurus cetoides>

4000만 년 전쯤 나타난 고래의 한 종류!

발견 당시 **파충류로 오해**받았다. 그래서 '**도마뱀**(Saurus)**의 왕**(Basilo)'이라는 의미를 가진 '바실로사우루스'라는 학명을 갖게 되었다.

긴 턱에는 44개의 날카로운 이빨!

카오오오!

BASILOSAURUS

사우루스 (도마뱀) 아니라고!

불만 있냐?

타라노사우루스

'공룡(Dinosauria)'이라는 단어를 만든 '리처드 오웬'은 바실로사우루스의 이빨 화석을 조사하여 바실로사우루스가 포유류라고 결론 내렸다. 그리고 '제우글로돈 (Zeuglodon)'이라는 새로운 이름을 붙였지만, 학명은 바뀌지 않았다.

제우글로돈

늦었군……

전체 길이는 20~25m! 팔레오기 에오세부터 네오기까지 살았던 동물 중 **가장 큰 포유류였다.**

바실로사우루스를 포함해 많은 고래 화석이 발견된 이집트의 '와디 알 히탄(고래의 계곡)' 박물관에는 바실로사우루스 화석이 전시되어 있다.

이글 이글

더워!

하찮은 뒷다리.

신생대 · 팔레오기 · 네오기

거대한 바다뱀을 연상시키는 기다란 몸.

얼굴이 어디?

몸에 비해 머리 크기가 엄청 작다! 머리 부분의 길이가 몸 전체 길이의 **10분의 1도 안 되는 약 2m** 정도이다.

작은 얼굴!

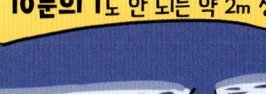

격돌! 슈퍼 고래 대전

이 시대에 존재했던 거대 고래가 바실로사우루스만 있었던 것은 아니다.
거의 같은 시대에 근연종인 '도루돈(Dorudon)'이 있었다.

머리 크기도 바실로사우루스만큼 작지 않고, 바실로사우루스보다 현재 존재하는 고래와 더 많이 닮았다.

이집트에 있는 팔레오기 에오세 말기 지층에서는
바실로사우루스 화석과 도루돈 화석이 함께 발견되고 있다.
이곳에서 머리 부분에 '잇자국'이 있는 새끼 도루돈 화석이 발견되었는데,
연구 결과 잇자국을 낸 '범인'이 바실로사우루스라는
사실이 밝혀졌다!

바실로사우루스는 같은 고래 종류마저 먹어치울 정도로 엄청난 '대식가'였다!

너무나 독특한 방식으로 진화를 거듭했기 때문인지, 바실로사우루스는 결국 사라지고 말았다.
만약 전설의 생물 '시 서펜트(Sea serpent, 거대 바다뱀)'가 실제로 존재한다면,
아마도 바실로사우루스와 비슷한 모습일지도 모른다.

바다는 넓으니까 **어쩌면 지금도 어딘가에……**라고
생각한다면, 너무 비과학적일까?

- 분류 : 포유강 고래목 바실로사우루스과   전체 길이 : 20~25m
- 추정 체중 : 17~20톤   서식지 : 북아메리카, 아프리카 해안
- 멸종 시기 : 약 4000만 년 전~3500만 년 전 (팔레오기 에오세 후기)
- 비고 : 터키의 '반 호수(Lake Van)'에 산다는 '미확인 동물(Unidentified Mysterious Animal)'의 정체가 바실로사우루스라는 설도 있다.

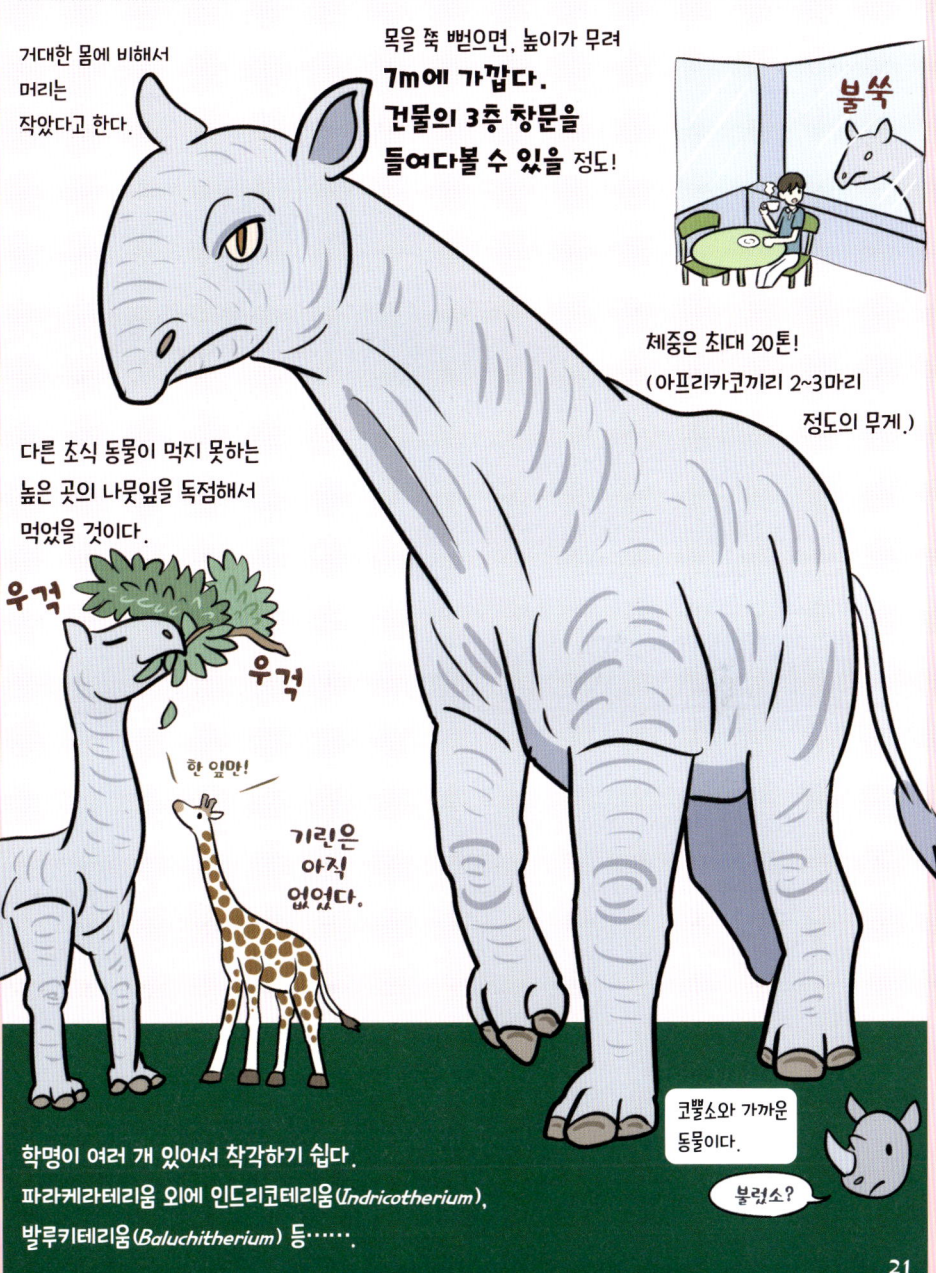

가뿐하게 질주하는 거대 동물

비할 데 없이 거대한 몸을 가진 파라케라테리움이지만, **놀랍게도 달리기가 아주 빨랐을 것이라고 한다. 파라케라테리움의 길고 강인한 다리를 통해 이를 추측할 수 있다!**

파라케라테리움의 뼈는 단단하면서도 가볍다.

어마어마한 속도와 거대한 몸을 겸비했던 '무적의 왕', 파라케라테리움……. 그렇지만 **'환경의 변화'라는 가장 강력한 적에게는 끝내 이기지 못했던 것 같다.**

네오기 마이오세 무렵에 지금의 지중해가 탄생했다. 네오기 말에는 해류와 강의 흐름이 크게 변했고, 지구 전체의 기온이 계속 떨어졌다. 내륙에서는 이미 '대륙 빙하'가 발달하고 있었다.

하루 2.5톤에 달하는 먹이를 먹어야만 했던 파라케라테리움은 이렇게 급격한 환경 변화를 따라갈 수 없었다. 파라케라테리움의 몸집은 포유류가 육지에서 유지할 수 있는 최대 크기, '한계'로 여겨진다.

한편, **전체 길이 33m, 체중 170톤**을 자랑하는, '모든 포유류' 가운데 가장 몸집이 큰 '대왕고래'는 지금도 바닷속이라는 자유로운 공간에서 살고 있다.

거대한 몸을 가진 동물에게 육지는 그다지 자유롭지 않은 공간일지도 모른다.

분류 : 포유강 기제목 히라코돈과   **전체 길이** : 7~9m
추정 체중 : 16~20톤   **서식지** : 유럽 동부, 아시아
멸종 시기 : 약 2400만 년 전 (팔레오기 올리고세)
비고 : 몸집이 컸기 때문에 임신 기간은 2년, 한 번의 임신으로 새끼를 1마리만 출산했다. 때문에 개체 수를 늘리기 어려웠다고 한다.

일본 북쪽 땅에 살던 펭귄처럼 생긴 새

홋카이도르니스 <Hokkaidornis abasiriensis>

펭귄 같지만 펭귄이 아니다?

이름대로, 일본 **홋카이도**의 올리고세 후기 지층에서 1987년에 화석이 발견되었다.

홋카이도의 아바시리시에서 발견되어서 종소명이 '아바시리엔시스' 이다.

일본에서는 사다새목에 속하는 펠리컨과 가깝다고 생각해 '옛날 홋카이도에 살았던 커다란 바다가마우지(사다새목)'라는 이름으로 불렀다. 실제로 '**가마우지**'와 비슷하게 생겼다.

하늘을 나는 대신, 펭귄처럼 날개로 **물속을 헤엄**치는 새이다.

홋카이도르니스는 펭귄과 생김새가 비슷한 '플로토프테룸과 (Plotopteridae)' 동물들 중 가장 많은 부위의 화석이 발견되었다.

펭귄류가 남반구에서 서식지를 넓혀 가던 시대……. 수천만 년 정도 늦게 북반구의 태평양 해역에서 세력을 넓혀 나간 것은 홋카이도르니스가 속한 **플로토프테룸과**였다.

펭귄과 플로토프테룸은 '수렴 진화(다른 계통의 생물이 비슷한 형태나 기능을 갖고 진화한 것)'의 한 예로써 다른 종으로 생각되어 왔는데……!

신생대 · 팔레오기 · 네오기

플로토프테룸이여, 동지가 되어라?

팔레오기 때 태평양에서 크게 번성했던 플로토프테룸이었지만 지금은 완전히 모습을 감추었다.
약 2800만 년 전부터 2000만 년 전까지 고래류 등 바다에 사는 포유류가 번성했던 시기와 반비례하여 플로토프테룸을 포함한 펭귄을 닮은 조류들의 숫자는 점차 줄어들고 있었다.
이것을 보면, 펭귄을 닮은 조류들은 먹이 경쟁에서 고래에게 패배했을 가능성이 있다.
(강치나 돌고래와 경쟁했을 가능성도 있다.)
결국 펭귄을 닮은 조류들은 멸종했다.
그러나 2013년, **컴퓨터 단층 촬영으로 플로토프테룸의 머리 화석을 3차원으로 복원하자, 플로토프테룸의 뇌가 펭귄과 비슷하게 생겼다는 사실이 밝혀졌다!**

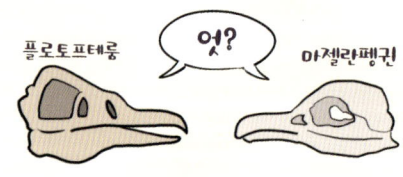

이 발견으로 **펭귄류와 플로토프테룸이 '남남인데 닮은 동물'이 아니라 비슷한 종류의 동물이라는 설**이 굉장히 유력해졌다.

'펭귄을 닮은 새'라는 왠지 유감스러운 별명도 머지않아 사라질지 모른다.

> 분류 : 조강 사다새목 플로토프테룸과   전체 길이 : 2m
> 추정 체중 : 불명   서식지 : 일본, 북아메리카 등 북태평양 연안
> 멸종 시기 : 약 2500만 년 전 (팔레오기 올리고세)
> 비고 : 펭귄류일 가능성이 제기되었을 때, 일본의 한 신문에 '펭귄이 홋카이도에도 있었다?'라는 기사가 실리기도 했다.

개와 고양이의 갈림길
미아키스 〈Miacis〉

지구 최초로 나타난 진짜 '식육목'!

오늘날의 족제비 또는 페럿과 닮았다고 추측되는 동물!

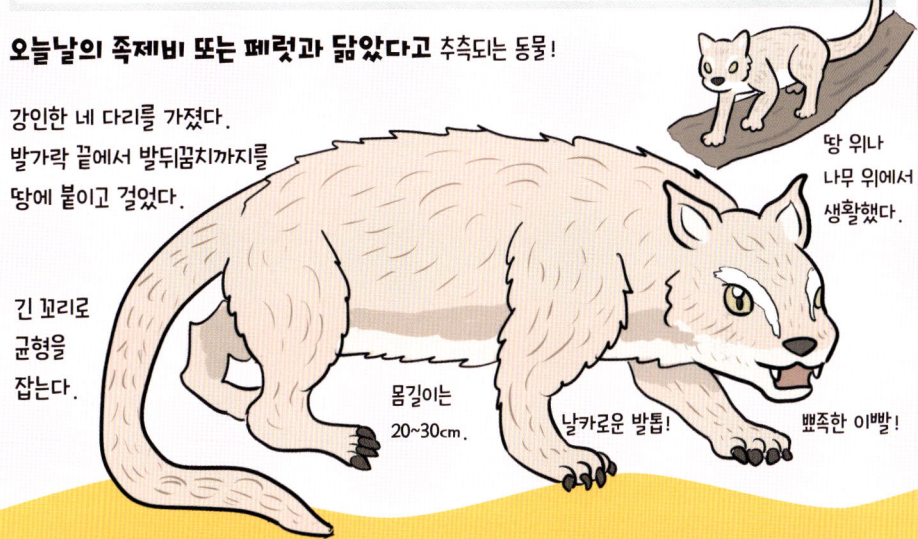

땅 위나 나무 위에서 생활했다.

강인한 네 다리를 가졌다.
발가락 끝에서 발뒤꿈치까지를
땅에 붙이고 걸었다.

긴 꼬리로 균형을 잡는다.

몸길이는 20~30cm.

날카로운 발톱!

뾰족한 이빨!

신생대 · 팔레오기 · 네오기

개와 고양이는 완전히 다른 동물 같지만 거슬러 올라가면 **같은 선조**에 다다른다. 그 선조가 바로 미아키스다!

개의 단단한 몸과 고양이의 유연한 몸은 매우 달라 보이지만, 이러한 골격의 차이는 개와 고양이의 선조들이 생활했던 환경으로 인해 나타난 것이다.

미아키스가 살던 시대에는 숲이 많았다.
그러나 기후 변화 등의 영향으로 서서히 숲이 감소하고 초원이 늘어나기 시작했다.

이때, 숲에 남아 살면서 유연한 몸과 넣었다 뺐다 할 수 있는 발톱을 쓰는 방향으로 진화한 것이 고양이고……

유연성을 버리고 평원으로 진출하여, 장거리를 달리는 방향으로 진화한 것이 갯과라고 여겨진다.

숲이 최고!

타닥 타닥

숲이 미워!

탈출!

공포새와의 전쟁, 미아키스의 습격!

5900만~5500만 년 전, 포유류는 작고 연약한 동물에 불과했다.

강력한 힘을 가진 땅 위의 공포새에게 잡아먹히는 힘없는 동물이었던 것……

그러나 포유류는 땅에 사는 조류의 힘이 미치지 않는 '숲속 나무 위'에서 **복수의 이빨을 갈기 시작했다.**

그중, '고기를 자를 때 쓰는 칼'처럼 날카로운 이빨을 갖고 진화한 것이 미아키스 무리였다.

이 이빨은 '열육치(Carnassials)'라고 불리며, 개에게 가장 중요한 이빨이 되었다. 현재의 식육목(늑대와 사자 등)은 모두 이 열육치를 갖고 있다.

커다란 고기를 열육치로 물어뜯는 개.

날카로운 이빨을 진화시킨 미아키스는 초식 동물을 차례차례 정복하며 '무적'에 가까운 존재가 되어 갔다! 공포새도 미아키스를 잡아먹기는 쉽지 않았을 것이다.

공포새의 알이나 새끼를 습격했을지도…?

그리고 5000만 년 전, 결국 공포새가 멸종! 조류의 육지 지배는 끝났다.
살아남은 미아키스는 다양한 동물로 진화를 거듭해 나갔다.
갯과와 고양잇과뿐 아니라, 물갯과나 곰과를 아우르는 식육목의 조상, 미아키스…….
미아키스는 현재 지구에서 살고 있는 많은 생물에게 있어 가장 중요한 갈림길이었다.

분류 : 포유강 식육목 미아키스과
전체 길이 : 20~30cm   추정 체중 : 불명
서식지 : 유럽, 북아메리카
멸종 시기 : 약 4800만 년 전 (팔레오기 에오세 초기)
비고 : 판다와 해달도 미아키스의 후손이다.

메갈로돈 전성시대

거대 상어의 대명사인 메갈로돈이지만, 사실 정확한 크기는 알 수 없다. **발견되는 화석의 대부분이 '이빨'이고 다른 부위의 화석이 적은 탓에, 전체 모습이 어떠했을지는 분명하지 않다.**

그래서 메갈로돈의 이빨 화석과 현재 존재하는 백상아리의 이빨을 비교하여 메갈로돈의 전체 크기를 추정하고 있다.

메갈로돈 화석은 전 세계에서 발견된다. 우리나라에서도 포항, 울진 등에서 메갈로돈 이빨 화석이 발견되었다.

메갈로돈 이빨 화석을 두고 일본에서는 '텐구(일본 민담에 등장하는 요괴)의 발톱', 유럽에서는 '혀 모양 돌'이라고 불렀다.

이렇게 거대했던 '바다의 지배자', 메갈로돈은 어쩌다가 멸종했을까?

따뜻한 바다에 서식하던 메갈로돈은 현재의 백상아리와 마찬가지로 차가운 바다에서는 활동할 수 없었다.

그래서 점점 기온이 낮아지는 기후 변동에 적응하지 못했다. 또한 메갈로돈이 먹이로 삼았던 수염고래류가 차가운 바다로 도망가 버리기도 했다. 게다가 범고래와 백상아리 같은 강력한 경쟁자가 나타난 것도 메갈로돈에게 심각한 타격을 주었을 것이다.

메갈로돈은 거대한 상어가 등장하는 영화가 나오기도 전에 훨씬 더 먼 옛날부터 '아주 먼 옛날의 바닷속'이라는 영화에서 활약했던 위대한 스타였다.

그렇지만 그런 상어 영화…… 아니, 상어의 영광도 영원히 계속되지는 않았다.

분류 : 연골어강 악상어목 오토두스과
전체 길이 : 13~17m   추정 체중 : 30톤
서식지 : 전 세계 바다
멸종 시기 : 약 260만 년 전 (네오기 플라이오세)
비고 : 일본에서는 '옛날 거대 백상아리'라는 이름으로 불린다.

고대 펭귄 대행진!

펭귄은 공룡이 살았던 시대에 처음 나타났던 것으로 보인다. 공룡 등의 포식자가 멸종하자, 펭귄은 먼 옛날 존재했던 '질랜디아 대륙 (오세아니아 바다에 잠겨 있다고 하는 거대한 땅덩어리.)' 주변 바다에서 번성했다.

5000만 년 전, 펭귄은 남반구로 멀리 퍼져 나갔다. 진화를 통해 펭귄의 발에는 물속에서 체온을 유지할 수 있게 하는 특수한 혈관 구조(Wonder net)가 발달했다. 이를 통해 펭귄은 바다를 헤엄쳐 세계로 퍼져 나갈 수 있었다. 이로 인해 세계 각지에 크기와 형태가 다양한 펭귄들이 나타나게 되었다.

오스트레일리아 / 뉴질랜드 / 크다

○ 와이마누

○ 페루디프테스
4200만 년 전, 지구 역사상 가장 더운 시대에 가장 더운 지역에서 살았다고 한다. 부리가 길게 늘어난 펭귄 같은 모습이 되었다.

○ 이카디프테스
3600만 년 전, 페루의 적도 부근에 살았다. 펜싱 칼처럼 뾰족한 부리가 특징.

○ 카이루쿠
신장 130cm. 이카디프테스가 살았던 시대로부터 1000만 년 후 나타난, 가늘고 긴 날개와 단단한 다리를 가진 펭귄.

○ 자이언트펭귄 (파키디프테스)
학명은 '무거운 다이버'라는 뜻. 4500만 ~3700만 년 전에 살았던 역사상 가장 큰 펭귄 중 하나.

'황제'랑 '자이언트' 중에 뭐가 더 대단하다고 생각해?

글쎄?

황제펭귄

과거에는, **현존하는 펭귄 중 가장 큰 몸집을 자랑하는 '황제펭귄'보다 커다란 고대 펭귄이 몇 종이나 있었다.**

귀여운 펭귄을 볼 때, 펭귄의 오랜 발자취를 떠올려 보자!

분류 : 조강 펭귄목
전체 길이 : 65~75cm   추정 체중 : 불명
서식지 : 뉴질랜드
멸종 시기 : 약 6000만 년 전 (팔레오기 팔레오세)
비고 : 얕은 바다에서 생활했던 것으로 보인다.

반은 말, 반은 고릴라?
칼리코테리움 ⟨*Chalicotherium*⟩

분류 : 표유강 기제목 칼리코테리움과

전체 길이 : 2m / 추정 체중 : 불명 / 서식지 : 유럽, 아시아, 아프리카 / 멸종 시기 : 약 500만 년 전 (네오기 플라이오세)

'**기제목**'이란 발굽이 있고, 뒷발가락 개수가 홀수인 포유류를 말한다.
역사상 가장 큰 육상 포유동물이었던 '파라케라테리움'도 기제목에 속한다.

칼리코테리움류는 기제류이지만 발굽 대신 커다란 갈고리발톱을 갖고 있다.

갈고리발톱으로 나뭇가지를 끌어모아 부드러운 잎 등을 먹었다.

어깨 높이는 1.8m이다.

앞다리가 뒷다리보다 훨씬 길었기 때문에 등이 굽어 있었다.

어디 보자….

고양이처럼 웅크리지 마!

내가 낼 소리는 아니지.

어슬렁 어슬렁

침팬지와 고릴라가 손등을 땅에 붙이고 걷는 것을 '너클 워크 (Knuckle-Walk)'라고 하는데, 칼리코테리움도 이 자세로 숲을 걸어 다녔던 모양이다.

말과 고릴라의 잡종인 것 같다!

…라고 흥분한 학자도 있었다는 듯?

고릴라 타우로스

아니야, 절대 그건 아냐.

숲이 줄어들면서 칼리코테리움도 모습을 감추었다고 한다.

신생대 팔레오기 · 네오기

아, 옛날이여!
카멜롭스
⟨*Camelops hesternus*⟩
분류 : 포유강 우제목 낙타과

전체 길이 : 어깨높이 2.1m, 몸길이 3m / 추정 체중 : 불명 / 서식지 : 북아메리카~멕시코
멸종 시기 : 약 1만 년 전 (제4기 플라이스토세, 서식은 네오기 플라이오세)

신생대 · 팔레오기 · 네오기

먼 옛날, 북아메리카를 걸었던 옛적의 거대 낙타.

학명 '*Camelops hesternus*'는 '옛적의 낙타'라는 뜻이다.

영어로 말하자면, '예스터데이스 카멜'인 셈.

예스터데이 ♪
카멜 매카트니

긴 목까지 포함한 높이는 2.4m에 달하기도 했다고.

오늘날의 낙타와 닮았지만, 실제로는 알파카나 라마에 가깝다고 한다.

용돈 주세요. 아저씨!

누가 아저씨야!

카멜롭스의 두개골, 이빨, 뼈에서 라마와 같은 특징이 발견된다.

낙타의 발상지는 의외로 **북아메리카**!

그곳에서 유라시아로 건너간 낙타들은 척박한 사막에 적응하며 생활했다.
한편 남아메리카로 건너간 낙타들은 높은 산과 초원에서 생활했다.
그리고 그대로 북아메리카에 머물렀던 카멜롭스는
빙하기의 초원에서 살아가야 했다.

그렇지만 인류의 사냥감이 되는 등 여러 가지 이유로
카멜롭스는 1만 1,400년 전 쯤 멸종!
낙타는 발상지인 북아메리카에서 완전히 모습을 감추고 말았다.

오늘날의 사람들은 '**옛적의 낙타**'가 어떤 모습이었을지 상상만 할 뿐이다.

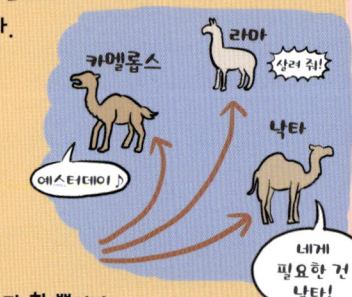
카멜롭스 / 예스터데이 ♪
라마 / 살려 줘!
낙타 / 네게 필요한 건 낙타!

고기가 좋아! 원시 판다
아일루아락토스 <Ailuaractos lufengensis>
분류 : 포유강 식육목 곰과

전체 길이 : 1m / 추정 체중 : 불명 / 서식지 : 중국 / 멸종 시기 : 약 800만 년 전 (네오기 마이오세)

800만 년 전쯤 서식했던 곰과 동물.
자이언트판다의 조상이라고 할 수 있다.

대나무(조릿대) 등을 먹는 초식 동물이 아니라
육식 동물이었던 듯하다.

일본에서는
'최초의 판다'
라고 부른다.

신생대 · 팔레오기 · 네오기

대나무 따위
먹을 리가 있나!

현재 존재하는 판다의
소화 기관은 초식 생활에
적응하여 진화했다고
생각하겠지만, 실제로는
육식을 하던 때와
달라진 것이 없다!

장의 길이

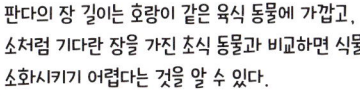

판다의 장 길이는 호랑이 같은 육식 동물에 가깝고,
소처럼 기다란 장을 가진 초식 동물과 비교하면 식물을
소화시키기 어렵다는 것을 알 수 있다.

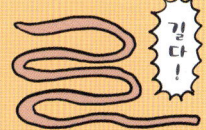

길다!

겨울에 먹이를 찾지 못해 굶을 수밖에 없는 위험을
무릅쓰기보다, 눈 속에서도 시들지 않는 대나무(조릿대)를
대량으로 먹으며 살아남는 작전을 택한 것인지도 모른다.

아일루아락토스 같은 판다의 선조는
대나무(조릿대)를 먹으며 혹독한 빙하기를 견디고
살아남아, 깊은 산속에서 조용히 살게 되었다.

사라져 버린 '잃어버린 고리'!
다위니우스 〈*Darwinius masillae*〉
분류 : 포유강 영장목 아다피스과

전체 길이 : 58cm / 추정 체중 : 불명 / 서식지 : 현재의 독일 / 멸종 시기 : 약 4700만 년 전 (팔레오기 에오세)

신생대・팔레오기・네오기

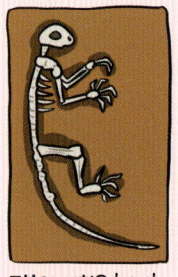

진화의 역사에서 해당 화석이 없어 비어 있는 부분을 '잃어버린 고리'라고 한다. 다위니우스는 **영장류의 잃어버린 고리를 채워 줄** 동물일지도 모른다……는 이유로 화제가 되었다!

완벽하게 보존된 표본이 발견되면서 '사람과'를 포함하는 '직비원류(`곧은 코`라는 뜻.)'일 가능성이 높다고 발표되었기 때문이다.

표본의 애칭은 '이다'!

전체 길이는 약 58cm.
(꼬리는 약 34cm.)

물건을 잘 쥘 수 있는 손.
꽈악

과일이나 잎사귀를 먹거나, 곤충 등을 잡아먹었던 것으로 보인다.

우적 우적

으아악!

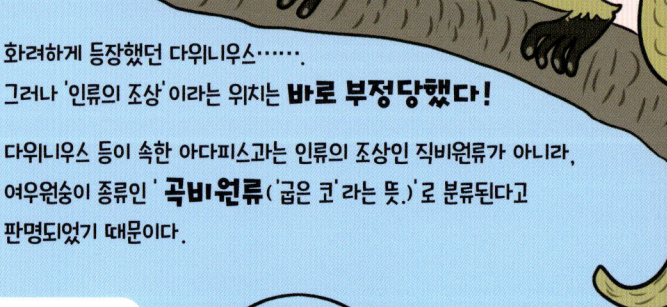

화려하게 등장했던 다위니우스……. 그러나 '인류의 조상'이라는 위치는 **바로 부정당했다!**

다위니우스 등이 속한 아다피스과는 인류의 조상인 직비원류가 아니라, 여우원숭이 종류인 **곡비원류**(`굽은 코`라는 뜻.)로 분류된다고 판명되었기 때문이다.

다위니우스가 곡비원류라면 인류와는 연관성이 없다.

이럴 수가!

다위니우스 코드

그렇지만 다위니우스에게는 곡비원류라 할 수 없는 특징이 있다는 주장도 있다. '이다'가 인류의 조상일 가능성은 **완전히 사라지지 않은** 듯하다.

먼 옛날의 거대한 따리
티타노보아 〈*Titanoboa cerrejonensis*〉
분류 : 파충강 뱀목 보아과

전체 길이 : 13m / 추정 체중 : 1.1톤 / 서식지 : 콜롬비아 / 멸종 시기 : 약 5800만 년 전 (팔레오기 팔레오세)

6000만 년 전 콜롬비아에 서식했던 역사상 가장 큰 뱀!

티타노보아의 척추는 현존하는 보아뱀의 척추보다 몇 배나 큰 엄청난 크기를 자랑한다.

12cm

무서워!

보아뱀의 전체 길이가 약 3.4m 인 것과 비교하여 추정하면, 티타노보아의 전체 길이는 **13m!** 두려울 수밖에 없는 거대함……!

물속을 헤엄쳐 돌아다니며 때때로 악어를 습격했다고 한다.

근육 덩어리 같은 몸으로 먹이를 꽉 졸라 죽인다.

추정 체중은 **1톤 이상.**

신생대 · 팔레오기 · 네오기

턱은 180도까지 벌릴 수 있고, 자전거 정도는 통째로 삼킬 수 있을 만큼 컸다고……!

응?

응?

넌 뭐야!

크앙!

으아악!

먹었다!

한입에…

따릉

따릉

이렇게 거대한 몸 때문에 체온을 유지하기 어려워서 멸종했다고 한다.

빙글빙글 악마?
팔라에오카스토르 ⟨*Palaeocastor fossor*⟩
분류 : 포유강 설치목 비버과

전체 길이 : 25~30cm / 추정 체중 : 불명 / 서식지 : 북아메리카 / 멸종 시기 : 약 1600만 년 전 (네오기 마이오세)

미국 로키산맥 부근의 건조한 대초원에서 무리 지어 서식했던 비버 종류.

황야에서 구멍 파기!
……를 하던 먼 옛날의 비버.

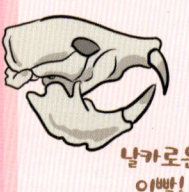
날카로운 이빨!

악마의 코르크 따개
크르크!
침대에서 죽는 게 최고지.

맛있어요!
↑
회오리 감자

나선처럼 꼬인 이 이상한 화석이 발견되었을 때, 정체가 무엇인지 전혀 추측할 수 없었다.

코르크 따개와 모양이 비슷했기 때문에 이 화석은 **'악마의 코르크 따개'**로 불렸다.

그러나 '코르크 따개' 끝부분에서 뼈 화석이 발견되면서 이 '코르크 따개'는 팔라에오카스토르가 집으로 삼았던 굴의 모양이었다는 사실이 판명되었다.

갑작 갑작
굴은 발톱이 아니라 이빨로 팠다고 한다.

힘들어……
내 방이 최고!
뭔가 있을 것 같은데.

팔라에오카스토르는 깊이가 2.5m나 되는 나선형 구멍과 그 구멍 끝의 평편한 방으로 구성된 거대한 굴을 판다는 사실이 밝혀졌다.

'악마의 코르크 따개'처럼 정체가 새롭게 밝혀질 수수께끼의 화석이 아직 더 있을지도 모른다.

PART 2

신생대 제4기
플라이스토세

약 258만 년 전부터 1만 년 전까지

~ 신생대 제4기 플라이스토세는 이런 시대다! ~

기간	약 258만 년 전부터 1만 년 전까지.
기후	빙기(춥고, 빙하가 발달한 시기)와 간빙기(빙기와 빙기 사이 온난한 시기)를 반복했다.
주요 동물	• 사람속(Homo)이 진화하여 현생 인류가 나타났다. • 지구 곳곳에 빙하가 발달하면서 얼음을 통해 육지가 연결되었다. 따라서 생물이 세계 곳곳으로 이동할 수 있게 되었고, 사람도 여러 지역으로 퍼져 나갔다. • 매머드 등의 대형 포유류가 번성했으나, 후기에 접어들면서 대량 멸종했다. 이러한 대량 멸종이 일어난 원인에는 인간의 사냥 활동도 포함되어 있었다. 인간에 의하여 멸종으로 내몰리는 동물이 나타나기 시작했다.
주요 식물	• 빙하기에는 참나뭇과로 이루어진 삼림과 볏과 식물 등과 같은 초본 식물이 발견된다.

멸종 뉴스 살아 있는 화석

오랜 옛날부터 오늘날까지 모습을 바꾸지 않고 살아온 생물을 '살아 있는 화석'이라고 부릅니다. 이들 생물은 까마득한 옛날부터 혹독한 추위가 몰아쳤던 빙하기마저 극복하고 현재까지 살아남았습니다.

- 메타세쿼이아(Metasequoia) : 플라이스토세에 멸종했다고 여겼던 식물. 하지만 1945년 중국에서 살아 있는 개체가 발견되었다.
- 은행나무 : 2억 7000만 년 전(고생대 페름기)에 나타난 식물.
- 헬벤더(Hellbender) : 1억 6100만 년 전(중생대 쥐라기 중기)부터 살았다는 설도 있는 미국에 사는 도롱뇽.
- 실러캔스(Coelacanth) : 6500만 년 전 멸종했다고 알려졌던 물고기. 수명은 100년 이상이라고 하며, 오랫동안 살아도 노화하지 않아 '늙지 않는 물고기'로 불린다.
- 고블린상어(Goblin shark) : 1억 2500만 년 전(중생대 백악기)부터 살아남은 심해 상어.

진짜 킹콩
기간토피테쿠스 <Gigantopithecus>

정글을 배회했던 거대한 영장류!

사상 최대 영장류로 일컬어지는 거대 유인원!

현재의 중국 남부에 해당하는 열대 우림에서 900만 년 전부터 600만 년 전 사이에 서식했다.

고릴라처럼 네 발을 디디며 너클 워크로 걸었다고 한다.

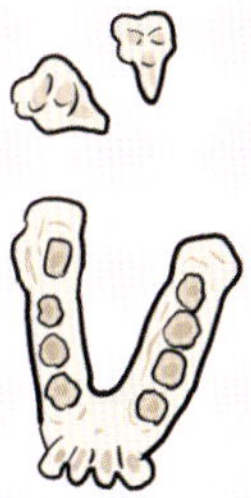

뿔뿔이 흩어진 이빨 화석과 여러 점의 아래턱 화석만이 발견되었다. 발견된 아래턱 화석 크기를 통해 키가 3m에 이르는 것도 있었음을 추측할 수 있다.

그렇지만, 이빨과 아래턱만 클 뿐이고 실제로는 키가 1.8m쯤(고릴라 정도) 되었을 것이라는 설도……?

신생대 제4기 플라이스토세

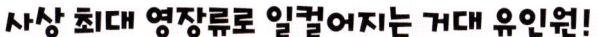

굶주림 하면 기간토피테쿠스

멸종한 거대 유인원, 기간토피테쿠스…….
유리한 점이 많은 거대한 몸을 가졌으면서, 어쩌다가 멸종했을까?

가장 큰 문제는 사실, 간단히 말해…… '너무 컸기' 때문이다.
플라이스토세 동안 서식지인 숲이 모조리 사바나로 변해 버렸다.
결국 기간토피테쿠스는 거대한 몸을 유지할 만큼
충분한 먹이를 구하지 못하게 되었다.

한편, 오랑우탄처럼 환경에 적응하며 살아남은 영장류도 있다.

기간토피테쿠스의 거대하고 평편한 어금니를 통해
기간토피테쿠스가 자이언트판다처럼
대나무(조릿대)를 주식으로 삼았다고
추측하기도 한다!
화석이 발견되는 장소를 바탕으로
생각해 보아도, 자이언트판다와의 경쟁에서
패배해 밀려났을 가능성이 있다고……?

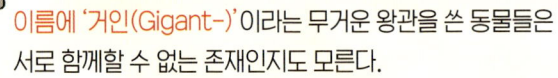

이름에 '거인(Gigant-)'이라는 무거운 왕관을 쓴 동물들은
서로 함께할 수 없는 존재인지도 모른다.

- 분류 : 포유강 영장목 성성잇과   전체 길이 : 2~3m
- 추정 체중 : 300~500kg   서식지 : 중앙아시아, 중국 남서부
- 멸종 시기 : 30만 년 전?
- 비고 : 한때는 인류의 조상이라고 생각되기도 했지만, 현재는 인류의 진화 계통과는 다른 계통의 유인원이라는 것이 밝혀졌다.

깨어나라! 얼음 왕국에 잠든 매머드여!

시베리아 '영구 동토'에서는 '냉동 상태'의 털매머드가 발견되고 있다.

류바 2007년에 러시아 북극권에서 발견된 새끼 털매머드이다.

전체 길이 약 1m.

입과 식도, 호흡기에 진흙이 가득 차 있었던 것을 보면 진흙탕에 빠졌던 듯하다.

그러나 보존 상태는 그야말로 '완벽'!

유카 2010년에 플라이스토세 후기(3만 9,000년 전) 영구 동토에서 발굴되었다.

전체 길이 약 3m.

발견지인 '유카기르(Yukagir)'에서 따 온 이름.

네 다리와 코도 완전하게 갖춰져 있고, 두개골 속에 뇌도 남아 있었다.

냉동 상태로 남아 있었던 덕에 보존된 털매머드의 DNA 정보 해독이 진행되고 있다고……. '매머드 재생'이라는 꿈이 곧 이루어질지도 모른다.

냉동 털매머드에서 세포를 꺼내 핵을 분리한다.

코끼리 난자에서 핵을 제거하고, 털매머드의 핵을 넣는다.

전기 자극을 주어 세포를 분열시킨다.

만들어진 난자를 코끼리의 자궁에 착상시킨다.

코끼리로부터 새끼 털매머드가 태어난다.

털매머드 '부활'이 잘 진행될지는 알 수 없지만, **얼어붙은 털매머드는 헤아릴 수 없이 많은 것을 인류에게 가르쳐 주고 있다!**

- 분류 : 포유강 장비목 코끼릿과
- 전체 길이 : 5.4m
- 추정 체중 : 불명
- 서식지 : 시베리아, 북아메리카 대륙
- 멸종 시기 : 대체로 1만 4,000년 전~1만 년 전
- 비고 : 일부 매머드 개체군은 기원전 2000년경까지 살아남았다고 한다.

이 세계의 한구석에 스민…… 스밀로돈

캘리포니아 '란초 라 브레아(Rancho La Brea)'에 있는 **타르 웅덩이**에서는 다양한 동물 화석이 발견된다!

한번 빠지면 다시는 벗어날 수 없는 타르 늪에는 **코끼리** 등의 **대형 포유류**가 빠지는 일이 잦았던 것 같다.

타르 웅덩이에 빠진 코끼리가 울어 대면, 스밀로돈 같은 육식 동물들이 무리지어 모였을 것이다.

그런데 어쩐 일인지, 타르 웅덩이에서 발견되는 화석의 30%가 스밀로돈 화석이다!
스밀로돈이 타르 웅덩이에 빠져서 발버둥치는 사냥감한테 무심코 달려들었다가 그대로 타르 웅덩이에 **빠져 죽었을** 가능성이 높다고 한다.

한편 타르 웅덩이에서 발견된 화석의 50%는 (스밀로돈의 라이벌이었던) 다이어울프!

두 육식 동물 모두 **주의력이 약간 떨어졌다**고 밖에는 말할 수 없다!

그러나 그들의 **부주의**와 **불행** 덕분에 타르 웅덩이 속에서 질 좋은 화석이 만들어져, 현재까지 두 동물의 모습을 선명하게 전하고 있다. 정말 얄궂은 이야기이다.

아메리카사자 화석은 전체의 겨우 2.6% 뿐.

- **분류** : 포유강 식육목 고양잇과
- **전체 길이** : 2m
- **추정 체중** : 220~360kg
- **서식지** : 남·북아메리카
- **멸종 시기** : 약 1만 년 전
- **비고** : 스밀로돈의 턱은 현재 존재하는 사자의 2배 정도(사자는 약 60도) 크게 벌어지지만, 씹는 힘은 사자의 3분의 1 정도 밖에 되지 않았던 것으로 보인다.

공포의 고대 늑대
다이어울프 <Canis dirus>

늑대의 왕, 왕좌를 빼앗기다!

'다이어(dire= 무섭다.)'라는 이름 그대로
생태계 정점에 군림했던 '무서운' 늑대!

가장 무거운 갯과 동물 중 하나이다!
과연 **'늑대의 왕'**이라 불릴 만하다.

늑대왕 로보 — 크와아 — 앙!
애는 다른 애야.

크르르릉
으악!

하이에나처럼 큰 무리를 이루어서
체중이 600kg에 이르는 아메리카들소 같은
동물도 쓰러뜨려 사냥했던 모양이다.

착하지.
미국 드라마 <왕좌의 게임>에도 나온다.
멍!
길들었군.
애는 안 나옴.

란초 라 브레아의 박물관에는
타르 웅덩이에 빠진
다이어울프의 두개골이
여러 점 전시되어 있다.

오늘날의 늑대보다
다부진 체형.

400점이나 있다고!

헉!

신생대 제4기 플라이스토세

달려라, 늑대!

크고 힘센 다이어울프는 왜 멸종했을까?

우선 가장 큰 원인은 당시 북아메리카에 아메리카사자와 스밀로돈, 그리고 인간과 같은 강력한 경쟁 상대들이 함께 존재했다는 사실이다.

먹이 경쟁이 심했던 탓인지 단단한 뼈를 갉아먹는 일도 많아서 이빨이 부러진 화석이 발견되기도…….

이러한 (사람을 포함한) 여러 동물과의 격렬한 경쟁에서 다이어울프는 패배하고 말았던 것 같다.

그런데 다이어울프보다도 몸집도 작고 힘도 약한 것으로 알려진 회색늑대(말승냥이)는 어떻게 살아남을 수 있었던 것일까?

멸종과 생존의 운명을 가른 것은 '체력'과 '다리' 구조였다.

북쪽에서 온 회색늑대는 장거리를 추적해서 말코손바닥사슴을 사냥하는 일에 익숙했다.

한편 단거리 달리기를 잘하던 다이어울프는 체력이나 다리 구조가 장거리 사냥에 알맞지 않았을지도 모른다.

멸종의 이유는 아직 수수께끼지만, 생존 경쟁에서 강력한 근육을 가진 동물이 반드시 승리한다고 할 수는 없다. 이러한 생존의 불가사의를 멸종 동물의 역사가 증명하고 있다!

분류 : 포유강 식육목 갯과
전체 길이 : 1.5~2m   추정 체중 : 90kg
서식지 : 북아메리카, 남아메리카 북부
멸종 시기 : 약 1만 년 전
비고 : 현존하는 회색늑대보다 씹는 힘이 30% 정도 강했다고 한다.

바닷속에서 안녕?
나우만코끼리 <Palaeoloxodon naumanni>

일본을 대표하는 화석 코끼리!

나우만코끼리 화석은 일본에서 많이 발견되었다.
일본에서 나우만코끼리 화석이 발견된 곳은
홋카이도부터 규슈까지 백수십 곳에 이른다!

일본의 나우만코끼리 화석 중 가장 오래된 것은 35만 년 전 만들어졌다.

도쿄 니혼바시 지하철역 공사 중에 3마리의 나우만코끼리 화석이 발견되기도 했다!

'베레모'를 쓴 것처럼 돌출된 머리 모양이 가장 큰 특징이다.

상아는 2.5m에 달한다.

나우만코끼리 화석은 19세기 일본에서 최초로 발견되었다.

일본에 방문했던 독일인 지질학자 '나우만(Naumann)'에 의해 첫 화석이 발견되어서, 지금의 이름이 되었다.

신생대 제4기 플라이스토세

'세토 내해'라는 일본의 바다 밑바닥에는 나우만코끼리 화석이 묻힌 지층이 있었다. 바닷물의 흐름에 그 지층이 깎여 나가자 **수많은 화석이 모습을 드러냈다.** 이 화석들을 끌어올리면서 일본의 나우만코끼리 연구는 크게 발전했다.

나우만 대 매머드 대격돌?

따뜻한 기후를 좋아하고 숲에서 생활했던 나우만코끼리!
추위를 잘 견디고 초원을 좋아했던 털매머드!
같은 플라이스토세에 서식했던 거대 코끼리들이지만
둘은 매우 다르다.
**그런 2종류의 코끼리가 싸움을 벌인
'전쟁터'는 현재의 일본 홋카이도였다!**

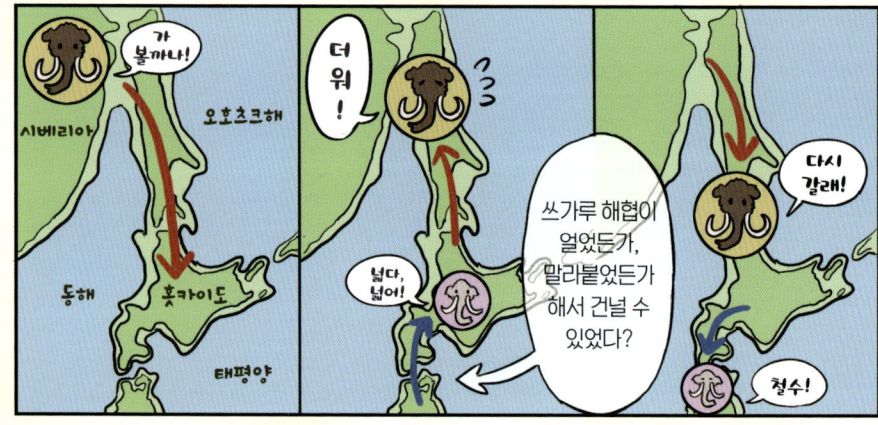

해수면이 낮아지면서 홋카이도와 시베리아가 육지로 이어졌다. 털매머드가 홋카이도에 '침공'!

플라이스토세의 추위가 약해지자 털매머드는 일단 북쪽으로 '철수'! 나우만코끼리가 북쪽으로 올라왔다!

재차 추위가 심해지고, 털매머드가 좋아하는 초원이 다시 증가했다. 나우만코끼리는 남쪽으로 '철수', 털매머드가 '재침공'!

두 코끼리 모두 좋아하는 식물이 적은 곳에서도 생활할 수 있었다고 하므로
정반대 성향을 가진 두 거대 코끼리가 '공생'했을 가능성도 있다고 한다.
홋카이도는 '코끼리들의 전쟁터'로서 일본에서 뜨거운 주목을 받고 있다!

- **분류**: 포유강 장비목 코끼릿과
- **전체 길이**: 5m
- **추정 체중**: 4~5톤
- **서식지**: 아시아 (일본, 중국)
- **멸종 시기**: 약 1만 5,000년 전
- **비고**: 일본에서 처음으로 코끼리 화석을 연구했던 독일인 지질학자 '하인리히 에드문트 나우만' 박사의 업적을 기려 학명을 지었다.

뼈대 있는 곰
동굴곰 <Ursus spelaeus>

많은 이야기를 들려주는 플라이스토세의 가장 무서운 동물!

약 30만 년 전에 등장한 고대 곰! 불곰 정도의 크기를 자랑한다.

동굴곰은 불곰과 근연종이다.

불곰과 달리 이마가 튀어나와서 코끝과 이마 사이에 굴곡이 있다.

불곰 / 동굴곰
이름도 다르거든!

거대한 앞발!

손도장 줄래?

동굴곰이 그려진 동굴 벽화도 있다.

수명은 20년 정도. (불곰은 25년 정도.)

몸길이는 2.5m쯤.

신생대 제4기 플라이스토세

동굴곰은 불곰보다 안쪽 이빨의 마모가 심하다.
섬유질이 들어 있는 식물과 그 뿌리를 많이 먹었을지도 모른다.

씹는 맛!

우적 우적

동굴곰은 약 2만 8,000년 전 멸종했다.
빙하기를 지나면서 기후가 변해 숲이 넓어졌고,
똑같은 잡식 동물인 불곰과의 경쟁에서
패배하여 멸종했다고 여겨지는데……
인류와의 경쟁도 동굴곰의 멸종에 큰 영향을 끼쳤을 것이다.

환상의 곰 뼈

동굴곰 화석은 유라시아 북부 동굴에서 많이 발견된다.
루마니아의 '곰 동굴'에서는 140마리 이상의 동굴곰 화석이 발견되었다. 또 독일의 동굴에서는 인류가 동면 중인 동굴곰을 사냥한 증거와 함께 동굴곰의 뼈를 도구나 연료로 사용한 흔적이 발견되기도 했다.

기온이 섭씨 12~15도로 유지되고, 자외선도 막을 수 있는 동굴은 화석이 잘 보존될 수 있는 환경!

빙하기에는 불을 땔 땔감이 없었기 때문에 뼈는 귀중한 연료였다.

중세에 유럽 중부에서는 동굴곰 화석을 용이나 유니콘의 뼈라고 생각했던 듯하다. (그래서 동굴곰 화석을 가루로 만들어 약으로 팔기도 했다고……)

프랑스 남부에 위치한 유네스코 세계 문화 유산 '퐁다르크의 장식 동굴'에서 3만 2,000년 전의 동굴곰 화석이 발견되었다. 이 화석의 DNA를 분석하여 불곰, 북극곰, 동굴곰의 공통 조상이 약 160만 년 전에 존재했다는 사실을 밝혀냈다.

'공포의 맹수' 동굴곰의 뼈는 환상의 동물을 꿈꾸는 상상력의 양식이 되기도 하고, '곰의 기원'을 들려주기도 하는 소중한 유산이다.

- 분류 : 포유강 식육목 곰과
- 전체 길이 : 3m 정도
- 추정 체중 : 수컷 450kg, 암컷 약 230kg
- 서식지 : 서유럽~캅카스 지역
- 멸종 시기 : 약 2만 8,000년 전
- 비고 : 화석이 많이 발견되기 때문에, 제1차 세계 대전 당시 많은 동굴곰 화석이 인산염의 원료로 사용되었다.

어둠 속 사자
동굴사자 <Panthera leo spelaea>

동굴에서 생활하고, 동굴에 그려지고, 동굴에서 죽은 고대 사자

약 1900만 년 전, 아프리카사자의 선조와 갈라지며 나타난 고대 사자!
약 260만 년 전부터 1만 년 전까지 플라이스토세에 서식했다.

동굴에서 많은 화석이 발견되어
동굴사자라는 이름이 붙었다.
동굴은 살기 좋은 집이었을 것이다.

동굴, 눈, 그리고 사자

눈 사자 만들어야지!
그만 해.
밖은 춥잖니.

동굴사자는
지금의 사자 같은
갈기가 없었던 듯하다.

크기는 3m 이상.

안 추워?
안 추워.
조금 좀나.

건조하고 추운 초원을 좋아했다.
말이나 사슴 등을 먹었다고 한다.

신생대 제4기 플라이스토세

2만 년 전 쯤 그려진
프랑스의 '라스코 동굴 벽화'에도
동굴사자가 그려져 있다.

출발!
달리자!

57

얼음 왕국으로, 렛 잇 고!

2015년, 러시아 동부 영구 동토 얼음 속에서 얼어붙은 새끼 동굴사자 2마리가 발견되었다! 그중 1마리는 털까지 그대로 보존되어 있었다.

냉동 미라는 30cm 정도 크기로 고양이와 거의 비슷한 크기이다.

적어도 1만 년 동안 이 상태였다고…….

잠자는 얼음 속의 사자

선사 시대에 살았던 고양잇과 동물이 이렇게 깨끗한 상태로 발견된 것은 처음 있는 일이었다. (이전까지 동굴사자의 화석은 뼈와 발자국뿐이었다.)

2017년에도 시베리아 동부 인디기르카강 지류 주변에서 새끼 동굴사자의 미라가 발견되었다. 이 미라는 네 다리가 완벽하게 남아 있고, 피부에 상처도 없었다.

태어나고 얼마 안 되어 집이었던 동굴이 붕괴했으리라 추측된다.

얼어붙은 새끼 동굴사자의 미라들은 **그 보존 상태가 완벽하기 때문에, DNA를 복원한다면 미래에는 유전자 복제 기술로 동굴사자를 복원할 가능성도 있다고 한다.**

언젠가 1만 년 전 살았던 그 모습 그대로 돌아다니는 동굴사자의 모습을 눈앞에서 볼 수 있을지도 모른다.

- 분류 : 포유강 식육목 고양잇과
- 전체 길이 : 3.2~3.5m 추정 체중 : 300kg 이상
- 서식지 : 유럽, 아시아
- 멸종 시기 : 약 1만 년 전 (5,500년 전이라는 설도 있다.)
- 비고 : 역사상 가장 큰 고양잇과 동물이다.

초 거대 나무늘보
메가테리움 ⟨*Megatherium americanum*⟩

코끼리 같이 거대한 XXL 사이즈 덩치

누가 이 '큰 짐승'을 죽였는가?

전체 길이 6m에, 체중 3~6톤에 달하는 거대한 몸! 크고 튼튼한 턱! 두꺼운 갈고리발톱! 피부 밑에는 단단한 갑옷 같은 조직까지 발달했었다는 메가테리움…….

그야말로 '큰 짐승'을 의미하는 학명(*Megatherium*)에 걸맞을 정도로, 강력한 전투력과 강철 같은 몸을 가진 거의 '무적'의 동물이었을 것이다.

그런 메가테리움이 멸종한 이유를 찾아 약 1만 3,000년 전으로 거슬러 올라가 보자. 혹독한 빙하기가 끝나고 두꺼운 얼음이 녹자, 로키산맥 동쪽으로 강을 따라서 대평원이 생겨났다. 그곳으로 찾아온 '사냥꾼들'! …… 바로 인류였다!

인류에게 움직임이 둔한 커다란 동물은 정말 좋은 먹잇감이었다.

초원에 불을 놓고 절벽이나 늪으로 몰았을지도……?

마침내 '인간'이 본격적으로 동물들에게 공포의 '사냥꾼'으로써 큰 영향을 끼치기 시작했던 것이다.

분류 : 포유강 빈치목 메가테리움과
전체 길이 : 5~6m   추정 체중 : 3톤
서식지 : 남·북아메리카
멸종 시기 : 약 1만 년 전
비고 : 일본에서는 '큰 나무늘보'라고 부르기도 한다.

다리가 긴 '곰'?
아르크토테리움 ⟨*Arctotherium angustidens*⟩
분류 : 포유강 식육목 곰과

전체 길이 : 3.5m (몸높이 1.7m) / 추정 체중 : 1.6톤 / 서식지 : 남아메리카 (아르헨티나) / 멸종 시기 : 약 50만 년 전

별명 : 짧은 얼굴 곰.
(Short-faced bear)

몸을 일으키면 높이가 3.5m에 달했다.

콧등이 짧아 곰보다는 사자 같은 고양잇과 동물과 닮았다.

겁 없는 소년
씨름하자!
그만둬!

닮았어?

거대한 몸을 가졌지만, 네 다리 모두 길고 **체형도 날씬한 편!**

대형 동물을 덮치는 스밀로돈 같은 동물도 섣불리 덤비지 못할 만큼 육중했다!

ㅍㄷㅌ 아님.
매너가 곰을 만든다!

늘씬

기다란 네 다리로 **민첩하게 달렸다고 한다.**

응?

저렇게 달릴 리 없잖아!
절대로!

타 ——— 닥

오늘날 존재하는 곰 중에서는 '안경곰'에 가장 가깝다.

신생대 제4기 플라이스토세

자이언트 유니콘
엘라스모테리움
⟨*Elasmotherium sibiricum*⟩
분류 : 포유강 기제목 코뿔솟과

전체 길이 : 4.5m / 추정 체중 : 불명 / 서식지 : 유럽, 아시아 / 멸종 시기 : 약 2만 9,000년 전

길이가 2m나 되는 거대한 뿔을 가진 대형 코뿔소류!

엘라스모테리움의 뿔은 화석으로 발견되지 않는다. 코뿔소류의 뿔은 사슴 같은 동물의 뿔과는 재질이 다르기 때문이다.

몸길이가 4.5m, 어깨 높이는 2m에 달했다!

머리!

호오! 사슴

그렇다면 이만큼 거대한 뿔을 가졌다는 것을 어떻게 알아냈을까?

엘라스모테리움의 두개골에는 거대한 뿔이 있었던 사실을 추측할 수 있는 혹 같은 흔적이 남아 있다!

약 35만 년 전에 멸종했다고 생각했는데 시베리아에서 2만 9,000년 전의 화석이 발견되어 그때까지 생존했을 가능성도 있다고…….

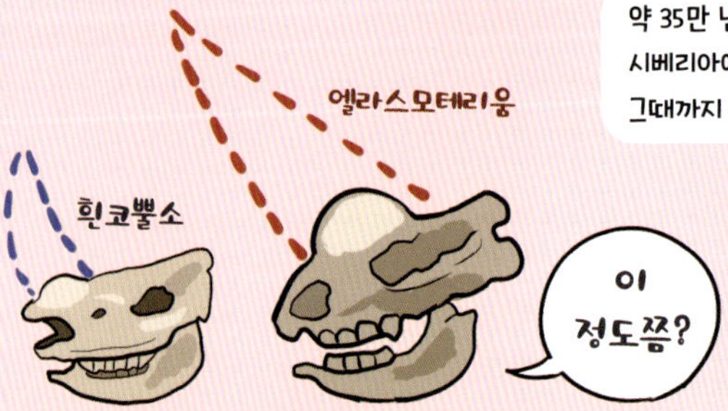

흰코뿔소 / 엘라스모테리움

이 정도쯤?

유니콘 전설의 기원이라고도 한다. 미스터리한 비밀을 간직한 엘라스모테리움!

크게는 **40cm에 이르는** 이 부분으로 뿔의 크기를 추측할 수 있다. (현재의 흰코뿔소는 이 부분의 크기가 25cm 정도인데, 흰코뿔소와 비교하여 엘라스모테리움의 뿔이 2m 정도인 것을 추측할 수 있었다.)

흐음. / 너무 미화 됐는데? / 내가 모델 아니었어? / 엥! / 일각돌고래

신생대 제4기 플라이스토세

울트라 웜뱃
디프로토돈
<Diprotodon>

분류 : 포유강 캥거루목 디프로토돈과

전체 길이 : 3~3.5m / 추정 체중 : 2~2.5톤 / 서식지 : 오스트레일리아 전역 / 멸종 시기 : 4만 7,000년 전

플라이오세부터 플라이스토세까지 오스트레일리아에 살았던 물소만큼 커다란 유대류!

몸길이 3m, 어깨 높이 1.5m에 달하는 거대한 몸을 갖고 있다.

체중은 약 2톤으로 흰코뿔소와 비슷하다.

지금의 웜뱃에 가까운 종이다.

넓적하고 긴 앞니.

두개골 크기는 약 70cm.

신생대 제4기 플라이스토세

몸 뒤쪽에 어른 한 사람이 들어갈 만큼 커다란 주머니가 있었다.

지금으로부터 6만 년 정도 전, 오스트레일리아로 건너온 인류와 인류가 데려온 갯과 동물 딩고에게 패배하여 사라졌다고……

~ 신생대 제4기 홀로세는 이런 시대다! ~

기간	약 1만 년 전부터 현대까지.
기후	빙하기가 끝난 뒤, 기후가 온난·습윤하게 변하면서 지금의 기후가 되었다.
주요 동물	· 기후 변화에 따라 숲이 증가하고, 초원이 감소하면서 대형 포유류가 멸종했다. · 현생 인류(호모 사피엔스)의 생활이 수렵 중심에서 농경·목축 생활 중심으로 바뀌었다.
주요 식물	· 숲이 증가하고, 초원이 감소했다.

멸종했다고 알려졌던 환상의 물고기

일본에 서식하는 물고기인 '구니마스'에 대해서 들어 본 적 있나요?
구니마스는 원래 일본 아키타현에 있는 '다자와 호수'에서만 발견되던 일본 고유의 물고기였습니다. 그러나 일본에서는 1940년에 구니마스가 멸종되었다고 생각했습니다. 수력 발전으로 전기를 만들기 위해 다자와 호수 근처의 '다마가와'라는 강에서 물을 끌어왔는데, 이 물은 강한 산성을 띠었습니다. 이 때문에 구니마스가 다자와 호수에서 자취를 감추고 말았습니다.
그러나 2010년 야마나시현의 '사이 호수'에서 구니마스가 다시 발견되었습니다. 일본 국내의 텔레비전과 신문은 이 소식을 크게 다루었고, 구니마스는 일본에서 갑자기 유명해졌습니다. 멸종했다고 알려진 생물이 다시 발견된 사례는 일본 국내에서는 구니마스가 처음이었습니다.
이 발견으로 잘 알려져 있지 않았던 구니마스의 생태를 조사할 수 있게 되었습니다. 또한 일본의 어류 연구자들에게 큰 영향을 주었다고 합니다.
연구가 진행되어 구니마스의 숫자가 늘어나면, 식탁에 음식으로 올라오는 날이 올지도 모릅니다. 앞으로도 구니마스 연구가 더욱 진전되기를 기대해 봅시다.

개굴개굴 항아리곰팡이 해저드

남부위부화개구리의 멸종 원인은 '항아리곰팡이'라는 균이 가져온 치명적인 피부 질병이라고 알려져 있다.

항아리곰팡이에 감염된 양서류는 '피부 호흡'이 어려워진다. 1970년대 이후, 수백 종의 양서류가 이 항아리곰팡이 때문에 죽음을 맞았다.

'생물 다양성'에 사상 최악의 규모로 타격을 준 항아리곰팡이. 이 항아리곰팡이가 1950년대에 한반도에서부터 퍼지기 시작했다는 연구 결과가 있다.

과거 항아리곰팡이는 땅에 사는 동물들과 평화롭게 공존했다. 그렇지만 '한국 전쟁'이 일어나자 많은 병사와 물자가 한반도를 드나들었고, 그때 양서류가 이 이동에 휩쓸리면서 항아리곰팡이가 전 세계로 퍼져 나갔을지 모른다고 한다.

애완동물이 전 세계에서 거래되는 것도 항아리곰팡이가 계속 퍼져 나가는 원인이다. '진귀한 양서류를 기르고 싶다.'는 인류의 욕망이, 모르는 사이에 생태계를 더욱더 파괴시키고 있다.

남부위부화개구리처럼 독특하고 매력적인 양서류가 더 이상 멸종하지 않도록 더욱 열심히 조사하고, 적극적으로 대책을 세워야 할 것이다.

- 분류 : 양서강 개구리목 거북개구릿과
- 전체 길이 : 3~5cm　　추정 체중 : 불명
- 서식지 : 오스트레일리아　　멸종 시기 : 1980년대 중반
- 비고 : 1980년대 중반부터 목격되지 않아 멸종했을 가능성이 높지만, '재발견이 가장 기대되는 동물 10종' 중 하나이다.

전설 속 로크를 닮은 거대한 새
코끼리새 <Aepyornis>

전설은 대지를 떠나고…….

마다가스카르섬에 서식했던 역사상 가장 무거운 새!

체중은 450~500kg이나 되었다. 새인데도 불구하고 말 1마리 정도의 무게였다!

영어로는 'Elephant-bird'! 머리까지의 길이가 3m 이상이다.

딸기 종류와 풀뿌리 등을 먹는 초식 동물.

타조나 '큰화식조'처럼 날지 않는 새를 '주금류'라고 부르는데, 남반구에만 서식한다. 코끼리새도 이 무리에 속한다.

숲속에서 무리를 지어 생활했다.

코끼리새는 알 크기도 압도적!
(타조 알의 2배.)

코끼리새 33cm · 타조 · 닭

내용물의 부피는 달걀 200개 분량!

병아리 · 달걀덮밥

영국의 경매 회사 '크리스티'가 코끼리새의 알 화석을 판매했는데, **약 1억 원**에 낙찰되었다.

떨어뜨리지 마, 절대 떨어뜨리지 마!

기둥처럼 굵은 다리로 대지를 달렸다.

신생대 제4기 홀로세

로크의 전설

13세기, 베네치아의 상인 '마르코 폴로'는 아시아를 여행했다.
마르코 폴로는 고향으로 돌아가는 길에 '마다게이스카(Madageiscar)'에 들렀는데, 그곳 주민에게 거대한 새에 대한 소문을 들었다고 한다.

"터무니없이 크고 힘도 세. 코끼리를 들고 가뿐하게 하늘을 날지!"
"이 새가 날개를 펼치면 낮에도 깜깜해져."
"화가 나면 발로 차서 소도 단번에 죽이지."
등등······.

이 여러 무용담의 주인공인 전설 속 큰 새는 '천일야화(아라비안나이트)'에도 등장하는 유명한 새 '로크'이다.

마다게이스카가 현재의 마다가스카르섬이라면, 로크는 곧 코끼리새일 것이다.
실제로 13세기에는 코끼리새가 확실하게 살아 있었다고 한다.

코끼리새는 전설 속 로크처럼 하늘을 날지는 못했지만, 마다가스카르섬에는 대형 육식 동물이 없었기 때문에 안전하게 살아갈 수 있었다.

그러나 숲이 개발되어 서식지를 잃거나 인류에게 알을 빼앗기기도 하면서 결국에는 모습을 감추게 되었다.

물가의 모래땅에서 거대한 알이 많이 발견되었지만, 부화한 흔적은 없었다.

전설적인 거대한 몸집도, 단단한 알도 '인류'가 주는 시련을 이겨 낼 수는 없었다.

다만, 최근까지 살아 있었다고 생각하는 사람도 있는 듯······?
'전설의 거대 새'는 지금도 사람들의 마음을 매혹시키고 있다.

분류 : 조강 코끼리새목 코끼리샛과
전체 길이 : 3m   추정 체중 : 450~500kg
서식지 : 아프리카 (마다가스카르섬)
멸종 시기 : 1840년경
비고 : 학명은 '키가 큰 새'라는 뜻.

멸종으로 가는 불운한 길

큰바다쇠오리 <Pinguinus impennis>

엄청난 화산 폭발도 극복했지만……?

북대서양의 섬에서 무리를 이루어 생활하던 바닷새!

주식은 물고기과 오징어.

우아악!

날지는 못하지만, 20cm 정도 되는 짧은 날개를 사용하여 물속을 **빠른 속도**로 헤엄쳤다.

일본에서는 '큰바다까마귀'라고 부른다.

옛날 브리튼섬 어부들은 큰바다쇠오리를 고대 켈트어로 **'하얀 머리'**를 뜻하는 **'펭귄(Penguin)'**이라고 불렀다.

번식기가 되면 섬에 상륙해서 집단으로 알을 낳고 새끼를 길렀다.

꾸엑!

펭귄

포동 포동

펭귄

그렇지만 학자들에게는 '하얀 머리'보다 **'통통한 몸'**이 인상적이었던 모양이다.
학자들은 '펭귄'이라는 말에 '뚱뚱한 새'라는 의미를 담아 버렸다고 한다.

그 뒤, 남극에서 날지 못하는 '뚱뚱한 새'를 발견하자 그 새도 '펭귄'이라고 불러 버렸다.

펭귄! 뚱뚱한 새!

초면에 실례잖아!

그러나 펭귄과 큰바다쇠오리는 전혀 관계가 없는 다른 종이다.

참 나.

그게 뭐야!

신생대 제4기 홀로세

비극의 종착지

큰바다쇠오리는 호기심이 강하고, 인간을 무서워하지 않았다!
배가 들어오면 아장아장 걸어서 '방문자'를 구경하러 올 정도였다.
그렇지만 날지 못하는 새가 일부러 다가오는 것은,
인간의 입장에서 보면, 그저 정말 좋은 먹잇감일 뿐이었다.
큰바다쇠오리의 깃털은 방한구로 쓸 수 있었고, 몸에서는
좋은 기름도 얻을 수 있었다.

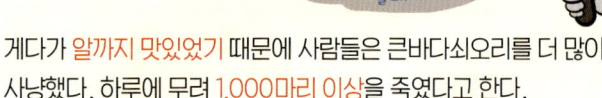

게다가 알까지 맛있었기 때문에 사람들은 큰바다쇠오리를 더 많이 사냥했다. 하루에 무려 1,000마리 이상을 죽였다고 한다.

19세기에는 아이슬란드 앞바다에 있는 작은 섬인
'큰바다쇠오리 암초(Geirfuglasker)'에서만 볼 수 있게 되었다.

그러나 1830년…….
**갑자기 해저 화산이 폭발했고, 지진이 일어났다!
결국 섬 자체가 바닷속으로 가라앉으면서 많은
큰바다쇠오리가 죽었다.**

기적적으로 살아남은
수십 마리는 가까운
'엘디섬'으로 이동했다.

한편, 큰바다쇠오리가 희귀한 새라고 알려지면서
큰바다쇠오리의 표본 가격은 점점 비싸졌다.
결국 남은 큰바다쇠오리는 돈을 노리는
사냥꾼들의 표적이 되었다.

그리고 운명의 날, 1844년 6월 3일…….
보트를 타고 온 3명의 남자들이 엘디섬에서 큰바다쇠오리 한 쌍을 죽였다.
그때가 살아 있는 큰바다쇠오리가 발견된 마지막 날이었다.

이렇게 계속해서 악운이 덮쳐 멸종하고 만 큰바다쇠오리…….
하지만 그중에서 최악의 재앙은 틀림없이 '인류'였다.

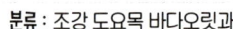

분류 : 조강 도요목 바다오릿과	
전체 길이 : 75~85cm	추정 체중 : 5kg
서식지 : 북대서양	
멸종 시기 : 1844년 (1852년에 목격 사례가 있음.)	
비고 : 큰바다쇠오리의 알은 절벽에서 굴러떨어지지 않도록 한쪽이 뾰족하게 생겼다.	

우리는 카리브 가족!

카리브해몽크물범 <Monachus tropicalis>

'개발'이라는 해적에게 습격당한 카리브해 동물

자메이카섬 등이 자리잡은 카리브해에 널리 서식하던 물범!

가장 오래된 기록은 1484년에 '콜럼버스'가 남긴 것.

카리브몽크물범 박제. 희귀품. 네덜란드 라이덴 국립자연사박물관 소장.

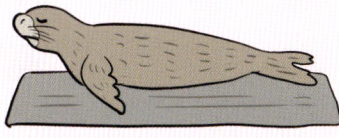

수컷보다 암컷이 덩치가 더 컸다.

덩치가 작은 수컷들은 서로 싸우지 않고 암컷과 수컷이 1마리씩 짝지어 평화로운 생활을 했다고······.

물고기나 오징어, 문어를 먹었다고 한다.

오오오오오

으아악! 재앙의 신?

카리브해몽크물범은 **1952년 이후 단 한 번도 발견되지 않았다.**
과거에는 33만 8,000마리나 서식했지만 **어느새 멸종**해 버리고 말았다.
카리브해몽크물범의 지방 성분을 노린 사냥, 어부들의 남획으로 카리브해몽크물범의 먹이인 물고기가 줄어든 것 등이 멸종에 영향을 미쳤을 것이다.
하지만 카리브해몽크물범의 멸종은 무엇보다도 인간이 **카리브해 주변을 관광지로 개발**한 탓이 크다.
휴식을 취하고 새끼를 키우기도 했던 육지를 빼앗긴 것. 이것이 카리브해몽크물범의 멸종에 가장 **결정적인 영향**을 주었을 것이다.

신생대 제4기 홀로세

몽크물범에게 나쁜 뉴스가?

물범은 차가운 바다에 사는 동물이라는 이미지가 있지만, 몽크물범류는 따뜻한 열대 바다에 서식한다.

몽크물범류에는 멸종한 카리브해몽크물범 외에도 '지중해몽크물범'과 '하와이몽크물범'이 있다.

남아 있는 몽크물범 2종은 멸종 직전……

지중해몽크물범은 350~400마리, 하와이몽크물범은 1,300마리가량 남아 있다.
이들의 멸종을 막기 위해서 몽크물범들의 유전 정보 연구가 진행되고 있다.

'스미소니언 연구소'가 보유한 카리브해몽크물범 가죽은 보존 상태가 좋아서, 그 가죽에서 DNA를 추출했다. 또한 몽크물범 3종의 두개골도 조사하고 비교했다.

지중해몽크물범

하와이몽크물범

카리브해몽크물범

그러나 슬프게도, 그 결과……
지중해몽크물범이 카리브해몽크물범·하와이몽크물범과 전혀 다른 속에 속한다는 것이 밝혀졌다!

이것은 생존한 몽크물범 2종에게는 좋지 않은 소식일지도 모른다. 만약 이 2종이 같은 속에 속한다면, 어느 한 종이 멸종해도 서로가 '대비책'이 되어 서로에게 도움이 될 수 있다. 그러나 남은몽크물범 2종이 각각 다른 계통에 속하는 것으로 밝혀지면서 그 종의 마지막 생존 개체가 그야말로 마지막인, 극히 희소한 종이라는 것이 명백해졌다.

카리브해몽크물범이 멸종된 비극을 잊지 말고, 살아남은 2종을 소중하게 지켜야만 할 것이다.

현재 지중해몽크물범은 유럽에서 매우 희귀한 포유류.

분류 : 포유강 식육목 물범과
전체 길이 : 2~2.3m   추정 체중 : 170~270kg
서식지 : 북아메리카, 바하마 제도, 앤틸리스 제도 등
멸종 시기 : 1952년 (IUCN 발표)
비고 : 수명은 약 20년.

용? 뱀? 아니, 사슴!

거대한 뿔을 가진 사슴은 옆 나라 일본에도 서식했다.
그 이름은 '야베큰뿔사슴(학명 *Sinomegaceros yabei*)'!
나우만코끼리가 살았던 플라이스토세 후기, 일본에서 가장 큰 사슴이었다.
뿌리 부근에서 두 방향으로 갈라진 뿔의 좌우 폭은 1.5m에 이른다.

단풍잎을 즐기는 사슴.

야베큰뿔사슴은 큰뿔사슴과는 다른 속에 속하는 사슴이다.
뿔이 뻗은 모양도 다르다.

완벽!

야베큰뿔사슴의 뿔은 1797년 군마현 '가미쿠로이와'라는 곳에서 발견되었다.
당시 일본에는 아직 화석이라는 개념이 없었다.
때문에 '용의 뼈'라든가 '산사태를 일으키는 큰 뱀의 뼈'라고 생각했다.

화석이 발견된 군마현 도미오카시 언덕에 세워진 '용뼈 비석'.

배애앰! 그 뼈에……
요오———오옹! 손대지 마라!
너넌 누군데 흥분해?

그렇지만 1800년 일본 '에도 막부'의 한 의사가 그 뼈를 감정했고, '대형 사슴의 뿔'이라는 것을 알아냈다.

감정서 / 사슴뿔

그 뒤, 이 뿔은 '기우제'에 쓰기 위해서 가미쿠로이와에 있는 절에 보관됐다.
이때가 제2차 세계 대전에서 도쿄가 공격당하기 10년 전이었다.
야베큰뿔사슴의 뼈는 기적적으로 전쟁의 포화를 피할 수 있었다!

'발굴 기록', '화석 감정서', '실물 표본' 등 모든 관련 분야에서 야베큰뿔사슴 화석은 일본에서 가장 오래된 기록을 갖고 있다. 일본은 앞으로도 이 소중한 유산을 소중히 보존해야 할 것이다.

분류 : 포유강 우제목 사슴과
전체 길이 : 3m   추정 체중 : 400kg
서식지 : 유럽   멸종 시기 : 7,700년 전
비고 : 2004년 '방사성 탄소 연대 측정법'으로 측정한 결과, 큰뿔사슴이 예상했던 것보다 약 3,000년 정도 뒤에 멸종했다는 것이 밝혀졌다.

얼룩말과 말의 중간
콰가얼룩말 ⟨Equus quagga quagga⟩

이제는 말할 수 없는 말……?

**머리 쪽은 얼룩말, 뒤쪽은 말!
기묘한 겉모습을 가진 멸종 동물!**

남아프리카에만 서식했던 얼룩말의 한 종류이다.

머리와 목, 상반신에만 얼룩이 있고 나머지 부분은 갈색이다.

초원에서 40마리 정도가 무리를 이루어 살았다.

이름은 울음소리에서 유래했다고…….

'Khoua-Khoua(쿠아쿠아)'라고 울어서 콰가가 되었다는 설이 있다.

'잠옷 바지 입는 것을 잊어버린 말'로도 불렸다.

쿠아…
쿠아…
콰가!
얼룩말
감기 조심해.
그거 재채기야?
좋은 아침!
으악!

식민지로 이주해 온 사람들이 데려온 양과 경쟁한 것도 멸종의 이유……?

메에에!

콰가얼룩말은 유럽 사람들 때문에 멸종에 이르렀다고 한다.
콰가얼룩말의 고기는 식량으로, 가죽은 옷과 가방을 만드는 데 사용되었다.
또한 아프리카 사람들에게도 남획당해, 그 숫자가 줄어들기 시작한 뒤
불과 30년 만에 모습을 감추고 말았다!

신생대 제4기 홀로세

콰가얼룩말을 기억해 줘!

100년 전 멸종한 콰가얼룩말……. 이제 두 번 다시 만날 수 없는 걸까?
사실, 1986년부터 콰가얼룩말을 복원시키기 위한 '콰가 프로젝트'가 시작되어 연구를 이어 오고 있다.

남아 있는 콰가얼룩말의 DNA를 조사한 결과, 콰가얼룩말이 '사바나얼룩말'의 아종이라는 것이 밝혀졌다.

연구팀은 콰가얼룩말의 특징이 드러나도록 교배를 반복했다. 교배를 반복할 때마다 콰가얼룩말의 특징이 강하게 나타나더니, 4~5번째 세대가 되면 얼룩무늬가 점점 줄어들고 하반신의 갈색이 진해졌다고 한다.

이렇게 해서 남아프리카 연구팀이 콰가얼룩말과 똑같이 생긴 동물을 탄생시키는 데 성공했다!
교배로 탄생한 이 말은 연구에 크게 공헌한 사람의 이름을 따서 '라우콰가'라고 불렀다.

라우콰가는 현재 10곳에 흩어져 있지만, 50마리에 도달하면 무리를 한곳에 모을 예정이라고 한다.

사실 라우콰가는 멸종한 콰가얼룩말과 같은 동물이 아니라, 겉모습만 비슷한 완전히 다른 동물이라고 한다.

그렇지만 콰가얼룩말이 어떤 동물이었는지 상상하면서, 지구에서 사라져 간 동물에 대해 떠올릴 기회가 된다면, 의미가 있는 연구일 것이다.

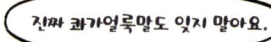
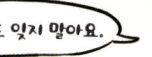 

- 분류 : 포유강 기제목 말과
- 전체 길이 : 2.4m   추정 체중 : 불명
- 서식지 : 남아프리카
- 멸종 시기 : 1883년
- 비고 : 까다롭고 성격이 거친 다른 얼룩말에 비해, 콰가얼룩말의 성격은 온화했다고 한다.

우아, 거대한 새
자이언트모아 <Dinornis maximus>

고독한 길을 유유히 걸었던 지구에서 가장 키 큰 새

뉴질랜드에 살았던 **지구에서 가장 큰 새 중 하나!**

몸길이는 약 3~3.6m나 됐다! 지구상에서 가장 키가 큰 새라고 한다.

모아 쓰리!
응원단.

카카포 / 키위
엄청 크대!
뉴질랜드에 사는 조류 친구들.

암컷의 몸집이 더 크다! 수컷은 키가 약 1.5m로 **암컷의 절반 정도였다.**

너보다 작은데, 괜찮아…?
어차피 다 작아.
♀ ♂

일본에서는 '오제키모아'라고도 부른다. '오제키'는 스모의 두 번째 등급이다.

체중도 수컷은 85kg, 암컷은 250kg으로 3배 정도 차이가 났다.

끙만 히!

체중은 250kg이나 된다! (스모 선수보다 무겁다!)

잘 크거라.
네, 아빠.

뼈와 살, 피부가 모두 잘 보존된 모아과 동물의 발이 남아 있다.

2010년, 껍데기에 수컷의 DNA가 붙어 있는 알이 발견되었다! 수컷 자이언트모아가 알을 품었던 흔적이라고……!

신생대 제4기 홀로세

거대한 새의 꿈이여, 영원히……!

14세기경 마오리족이 뉴질랜드에 살기 시작하고 나서
100년 후 모아류는 거의 사라졌다.
그 뒤, 모아들은 유럽인이 도착한 16세기에 남획으로
멸종되었다는 것이 정설이다.

그런데! 19세기에 모아를 목격된 정보가 있다고……!

1860년, 강변에 서 있는
'거대 새'가 목격됐다.

같은 해, 새롭게 찍힌
발자국이 동굴 지역으로
이어져 있었다.

1892년 조개무지에서 모아의 뼈와 함께
깨진 병과 파이프가 발견됐다.
그 무렵까지도 모아가 사람에게 잡아먹혔다는 증거일까?

이러한 목격 정보와 생존설을 믿을 수 있는지는 제쳐 두더라도,
'역사상 가장 큰 새' 자이언트모아는 사람들의 마음을 계속 사로잡고 있다.
'멸종 동물 복원' 이야기가 나올 때마다 후보로 가장 먼저 떠오를 정도.
뼈에서 추출한 DNA를 닭의 배아에 집어넣어서,
자이언트모아의 모습을 복원하려는 시도도 있었다고 한다.
먼저 몸 색깔을 결정하는 DNA를 찾아내어
자이언트모아의 깃털 색을 확인하는 것을 목표로 삼고 있다고.

완전히 복원하기는 굉장히 어렵겠지만,
**역사상 가장 큰 새의 모습을
더 생생하게 되살리고 싶다.**
그런 낭만이 넘쳐흐르는 인류의 꿈이
이루어질 날이 올지도 모른다.

깃털이
파란색이었다는
설도…….

분류 : 조강 모아목 모아과
전체 길이 : 암컷 3~3.6m, 수컷 약 1.5m   **추정 체중** : 암컷 약 250kg, 수컷 약 85kg
서식지 : 뉴질랜드   **멸종 시기** : 1770년경
비고 : 모아는 작은 돌을 먹는 습성이 있었다. 이러한 모아의 습성을 이용하여 모아에게 뜨거운
돌을 먹여서 사냥했다고 한다.

잘 가시게, 멸종 새여!
스티븐스섬굴뚝새 <Xenicus lyalli>

귀여운 그 녀석이 한 새를 멸종시켰다.

사랑스러운 작은 새이지만
너무나도 비극적인
파멸을 맞이했다.

이 새는 놀랍게도 하늘을 날지 못한다!
5,000종이 넘는 참새목 중에서
날지 못하는 새는 오직 '뉴질랜드굴뚝새'
종류들뿐……!

초 희귀 기술!
날지 못함!

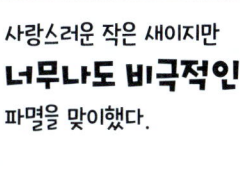
짹짹 카드!
참새목 컬렉션

그런 기술 안 부러워. 참새

날지 못한다는 특징은 후에
스티븐스섬굴뚝새에게
크나큰 비극을
가져 온다.

이 작은 새가 서식하던 곳은
뉴질랜드 근처의 아름다운 섬,
스티븐스섬…….

환영 ★

스티븐스섬굴뚝새는 폭이 불과 1.6km밖에
안 되는 이 작은 섬에서 평화롭게
생활했다고 한다.

현재 남아 있는
표본은 15개뿐!

완전 희귀!

그렇다, '그 녀석'이 오기 전까지는……!

스티븐스섬에 등대가 가동되기 시작한 1894년…….
3명의 등대지기와 그 가족이 이 섬에서
생활하기 위해 찾아왔는데…….

스티븐스섬
★등대 개장★

짠!
우리는 등대지기.
등대를 지키지.

잘됐네, 잘됐어.
너한텐 아닐걸.
짹짹☆
이 책이 또 그런 책이니까.

신생대 제4기 홀로세

87

작은 새의 외침은 들리지 않는다.

스티븐스섬굴뚝새는 굉장히 희한한 이유로 멸종한 동물이다.
놀랍게도, 단 1마리의 고양이 때문에 멸종했다.

등대지기들이 스티븐스섬에 상륙했을 때, 임신한 고양이 1마리가 함께 섬에 들어오고 말았다. 고양이는 섬에 도착하고 얼마 안 되어 새끼를 낳았다.

4개월 뒤, 고양이가 한 등대지기에게 작은 새를 물고 왔다. 등대지기는 그 새를 살펴보았다. 새는 이미 죽어 있었는데, 단 한 번도 본 적 없는 새였다. 고양이는 매일같이 해안으로 가서 총 11마리의 새를 잡아 왔다.

등대지기는 이 새의 표본을 곧바로 영국의 조류학자에게 보냈다.
그 결과, 이 새가 뉴질랜드굴뚝새 종류에 속한 완전히 새로운 새라는 사실이 밝혀졌다!
이 새에게는 'Xenicus lyalli'라는 학명이 붙었다!
그 후에도 고양이는 스티븐스섬굴뚝새를 4마리 정도 더 잡아 왔다. 그것이 마지막으로 목격된 스티븐스섬굴뚝새였다.

고양이가 번식해 마릿수가 늘어나면서, 1895년에는 모든 스티븐스섬굴뚝새가 고양이에게 붙잡혀 멸종했다고 여겨진다.

섬처럼 고립된 장소에서 유유자적 생활하던 지역 고유의 생물이 외부에서 들어온 생물에 의해 멸종해 버리는 비극은 자주 일어난다.

스티븐스섬굴뚝새의 비극은 외래 생물이 동물의 멸종을 불러온 극단적인 사례로, 또 다른 비극이 일어나지 않도록 계속 언급되어야 할 이야기이다.

비슷한 이유로 멸종한 카카포.

분류 : 조강 참새목 뉴질랜드굴뚝샛과
전체 길이 : 약 10cm
추정 체중 : 불명
서식지 : 뉴질랜드 스티븐스섬   멸종 시기 : 1895년
비고 : 스티븐스섬굴뚝새의 비극 이후, 1925년에 스티븐스섬의 모든 고양이는 제거되었다.

그리고 바다소도 없었다.

1741년 태평양……. '베링 해협'을 발견한 '비투스 베링'이 탄 '세인트 표토르호'는 알래스카를 탐험하고 돌아가던 길에 무인도에 좌초하여, 굶주림과 추위로 선원이 절반 이상의 목숨을 잃고 말았다.

그 섬 주변에는 수많은 바다짐승이 살고 있었다.
그리고 스텔러바다소도 그곳에 있었다!

스텔러바다소는 세인트 표토르호 선원들이 살아남는 열쇠가 되었다. 두께가 10cm나 되는 지방층은 아몬드 오일 같은 맛이 났고, 33명이 한 달 먹을 식량이 되었다고 한다.

'바다짐승'은 바다에 사는 포유류를 이르는 말이다.

순식간에 이 섬과 동물에 대한 소문이 퍼져 나갔다.
많은 사냥꾼이 이 섬에 사는 바다짐승들의 고기와 지방, 모피를 구하러 섬에 찾아왔다.
그렇게 대남획의 시대가 시작되었다!

덩치가 크고 천적이 없었던 스텔러바다소는 인간에 대한 경계심이 없어서 사냥꾼들에게 매우 쉽게 붙잡혔다.

다른 스텔러바다소가 상처를 입으면, 동료를 돕기 위해 많은 스텔러바다소가 모여드는 습성도 재앙이 되었다.

약 2,000마리의 스텔러바다소가 북극해에 살았다고 한다.
그러나 첫 발견으로부터 불과 27년 후인 1768년,
"스텔러바다소가 몇 마리 남아 있어서 죽였다."라는 보고가 있었고,
그것이 스텔러바다소에 대한 마지막 기록이 되었다.

너무나도 빠르게 멸종에 휘말려 버린 커다랗고 온순한 바다짐승…….
동물을 멸종시켜 버리는 인류의 힘이 얼마나 무서운지를 보여 주는 극단적인 사례이다.

분류 : 포유강 바다소목 듀공과
전체 길이 : 7~9m
추정 체중 : 5~12톤
서식지 : 북태평양 베링해   멸종 시기 : 1768년 또는 그 이후
비고 : 스텔러바다소 고기의 맛과 식감은 송아지 고기와 비슷했다고 한다.

숲의 수호신
일본늑대 <Canis lupus hodophilax>

수호신으로 숭배되던 늑대는 왜 숲을 떠났을까?

과거 일본의 혼슈, 시코쿠, 규슈 지방에 널리 서식했던 늑대!

보통은 2~3마리, 많으면 10마리 정도가 무리를 지어 생활했다.

크기는 1m 정도. 회색늑대보다 조금 더 작다.

일본에서 늑대는 '큰 신'이라는 뜻이 담긴 이름으로 불린다. **인간의 지혜를 뛰어넘은 신**과 같은 존재로 경외의 대상이었다.

농작물을 먹어 치우는 멧돼지와 사슴을 퇴치해 주는 늑대는 농사를 짓는 일본 사람들에게 '수호신' 같은 동물로 여겨졌을 것이다.

주식은 사슴! 무리가 함께 추적해서 사냥했다고 한다.

일본에는 여러 종류의 신을 모시는 '신사'라는 곳이 있는데, 늑대를 모시는 신사도 있다.

경배하라!

홋카이도에 서식했던 홋카이도늑대는 '사냥하는 신'으로 불렸다. 먹이를 사냥하는 용감한 모습을 본 사람들이 신처럼 경배했기 때문이다.

아오오오! 홋카이도

사람들이 자기 영역에 침입하면 영역 밖으로 나갈 때까지 뒤를 쫓았다고 한다. 늑대는 자기 영역을 매우 중요시하는데, 배설물이나 땅을 파는 행위로 영역을 표시한다. 늑대가 목숨을 잃는 주요 원인 중 하나가 영역 싸움일 정도!

우리 집에 가자.
깩, 초대받았다.
친구니까.

신생대 제4기 홀로세

안녕, 그리운 수호신이여!

서양에서는 (동화 등에서) 악당으로 그려져 온 늑대이지만,
일본에서는 '수호신'으로 숭배를 받았다.
일본에서 일본늑대와 사람은 평화롭게 공존해 왔다.

그런데 왜 지금은 일본늑대가 멸종해 버린 걸까?
그 이유는 1732년경 유럽에서 일본으로 들어온 '광견병' 때문이었다.
광견병은 주로 포유동물의 침에 의해 전염되는 치명적인 질병이다.
일본에 살던 많은 늑대가 이 광견병에 감염되었다.

일본늑대에게 물린 상처는 개한테 물린 상처보다
깊었다. 게다가 일본늑대한테 물리면 인간에게
옮기도 하는 광견병이, 거의 100% 발병했다.
결국, 일본늑대는 점차 사람들에게
'물리면 죽게 되는 동물'로 인식되어
두려움을 사게 되었다.

또 개발이 진행되면서, 서식지가 감소하고 야생의 사슴과
토끼 등 사냥감이 줄어들었다. 일본늑대는 살기 위해
농장에서 키우는 가축을 습격하기도 했다.

19세기 말부터는 일본 정부와 지방 관청이 일본늑대 퇴치에
현상금을 걸면서, 현상금을 받기 위해 일본늑대를 사냥하는
일도 늘어났다.

1905년 일본 나라현에서 어린 수컷 늑대
1마리가 사냥당했다.
이 늑대가 최후의 일본늑대였다.

그 후 일본늑대를 목격했다는 주장이 몇 차례 있었지만,
일본늑대가 아직 생존한다는 확실한 증거는 발견되지 않았다.
과연 일본 어딘가에 '수호신'이 조용히 숨어 살 수 있는 장소가 있을까?

분류 : 포유강 식육목 갯과
전체 길이 : 약 1m   **추정 체중** : 약 15kg
서식지 : 일본 (혼슈부터 시코쿠, 규슈)   **멸종 시기** : 1905년에 마지막으로 기록되었다.
비고 : 여기서는 일본늑대를 특정 종으로 다루고 있지만, 2014년 일본늑대가 현존하는
회색늑대의 아종으로 일본 고유종이 아니라는 것이 판명되었다.

바바리사자! 백수의 왕이 돌아오다?

1922년, 아틀라스산맥에서 마지막 1마리가 총에 맞아 죽으면서 야생 바바리사자는 **멸종했다**고 생각했다.

그런데 놀랍게도 아직 살아남은 개체가 있었다!
(모로코 현 국왕 '모하메드 6세'의 할아버지인) **'모하메드 5세'의 개인 동물원**에 바바리사자가 사육되고 있다는 사실이 밝혀진 것이다.
그것은 한 부족이 왕을 향한 충성의 증거로 보냈던 여러 마리의 바바리사자였다.

모로코 수도인 라바트에 국립동물원이 개장한 뒤, 새끼 바바리사자 3마리가 탄생하기도 했다!

라바트 국립동물원은 바바리사자의 혈통이 끊어지지 않도록 유전자 보존을 위한 번식을 시도하고 있다. 이곳에서 전 세계 동물원에 사는 바바리사자의 **약 절반에 해당하는 32마리**가 생활하고 있다.

현재 '모로코 왕가'의 문장에는 **왕관을 지키는 바바리사자 2마리**가 그려져 있다. 또한 모로코 축구 국가 대표팀도 **'아틀라스 라이온스'** 라는 애칭으로 불린다.

1956년에 모로코가 독립한 이후 라바트 국립동물원의 바바리사자는 모로코에 얼마 없는 **역사적인 문화재**가 되었다. **한때 잃어버렸던 '백수의 왕'은 지금도 소중한 마스코트로 많은 사람에게 사랑받고 있다.**

- 분류 : 포유강 식육목 고양잇과
- 전체 길이 : 3~4m   추정 체중 : 350kg
- 서식지 : 아프리카 북부
- 멸종 시기 : 1922년 야생에서 멸종.
- 비고 : 사자들은 주로 사바나를 좋아하지만, 바바리사자는 숲을 좋아한다고 한다.

신세기 멸종게리온

핀타섬코끼리거북 <Chelonoidis abingdonii>

오직 1마리만이 살아남았던 서글픈 코끼리거북……

갈라파고스 제도 '핀타섬'에 서식했던 코끼리거북!
20세기 초에 멸종했다고 생각했는데,
1971년 수컷 핀타섬코끼리거북이 발견되었다!
외톨이로 생활했기 때문에,
'외로운 조지(Lonesome George)'
라고 불렸다.

멸종에 이른 원인은
인간이 섬에 데려온
염소가 야생에 적응하여,
핀타섬코끼리거북의 먹이인
식물들을 마구 먹어 버렸기 때문이라고.

먹지 마!

고기는 싫은걸.

염소의 습격.

아종에 속하는 암컷 2마리와 번식을
시도하기도 했지만, 암컷에게
별다른 흥미를 보이지 않았다고 한다.

저기……

으응.

너 바보야?

으응.

안 되겠네.

한순간도 마음이 흔들리지 않음.

그러나…… 2012년 6월 24일,
사육사가 움직이지 않는 조지를 발견했다.
그렇게 마지막 핀타섬코끼리거북이 세상을 떠났다.

내가 죽어도 나를 대신할 것이 있겠지.

없어.

조지의 나이는 100살 전후로
추정되는데, 장수한 것 같지만
사실 너무 이른 나이에 죽음을
맞은 것이라고 한다.
(핀타섬코끼리거북의 수명은 200살.)

어쩌면 좋아.

웃으며 보내 줘.

조지가 죽음을 맞으면서 핀타섬코끼리거북은 멸종했다……고 생각했는데?

신생대 제4기 홀로세

95

혼자가 아니야!

세계에서 가장 유명한 핀타섬코끼리거북 '외로운 조지'는 세상을 떠났다.
그렇지만! 조지와 닮은 유전자를 가진 코끼리거북이 17마리가량 갈라파고스 제도 '이사벨라섬'에 살고 있다고 한다.
조지의 죽음으로 멸종되었다고 여겼던 핀타섬코끼리거북의 아종이 생존해 있을 가능성이 나온 것이다!

2008년 이사벨라섬에 사는 코끼리거북들로부터 1,600개 이상의 DNA 샘플을 채취했다. 그것을 분석하여 조지의 DNA와 비교했더니, 그중 17마리가 핀타섬코끼리거북의 유전자를 가진 '혼혈 거북'이라는 것이 밝혀졌다. 이사벨라섬 국립공원관리국은 '이사벨라섬의 울프 화산에 더 많은 혼혈 거북이 살고 있으며, 순수한 핀타섬코끼리거북이 생존해 있을 가능성도 있다.'고 주장했다.

코끼리거북은 갈라파고스 제도 생태계에서 어마어마하게 중요한 동물이다. 식물의 씨앗을 이곳저곳에 퍼뜨리거나, 나무나 선인장 같은 식물을 먹음으로써 생태계의 균형을 조정하는 역할을 맡고 있다. 그렇기 때문에 핀타섬코끼리거북의 부활은 생태계 보호와도 큰 관련이 있다.

확실히 조지의 일생은 고독했을지도 모른다. **그렇지만 느긋하게 걷는 커다란 코끼리거북의 모습은 지금도 여전히 많은 사람에게 사랑받고 있다. 코끼리거북은 갈라파고스 대자연의 상징으로 오래도록 기억될 것이다.** 조지가 핀타섬의 '마지막' 코끼리거북인지 아닌지는 우리들 인류가 만들어 갈 미래에 달려 있다.

- **분류**: 파충강 거북목 땅거북과
- **전체 길이**: 1.2~1.3m   **추정 체중**: 수컷 270~320kg, 암컷 130~180kg
- **서식지**: 갈라파고스 제도 (핀타섬)
- **멸종 시기**: 2012년 6월 24일
- **비고**: 코끼리거북의 고기를 노린 뱃사람들이 벌인 남획도 멸종의 원인으로 꼽는다.

태즈메이니아의 호랑이
태즈메이니아늑대 <Thylacinus cynocephalus>

인류와 딩고에게 패배한 오스트레일리아의 유대류

'태즈메이니아늑대'로도, '태즈메이니아호랑이'로도 불리지만,
늑대도 호랑이도 아닌 '유대류'이다!
플라이스토세에 출현한 종으로 오스트레일리아에서는 3,000년 전에 멸종했지만, 태즈메이니아에서는 1936년까지 살아 있었다.

겉모습은 늑대와 매우 닮았고, 생태계에서 **늑대만큼 높은 위치**를 차지했다.

왈라비, 주머니여우, 새, 때로는 **대형 캥거루**까지 먹었다고 한다.

움직임이 재빠르고, **2~3m**까지 높이 뛸 수 있었다. 조용히 먹이를 습격했다고!

웨스턴오스트레일리아주 동굴에서 5,000년 전 살았던 태즈메이니아늑대의 미라가 발견되었다.

인류가 오스트레일리아로 이동할 때 '딩고(야생 들개의 일종)'를 데려왔다.

사회성이 없는 태즈메이니아늑대는 지능이 뛰어난 딩고와의 경쟁에서 이길 수 없었고……

1770년 영국인 탐험가 쿡 선장이 오스트레일리아에 도착한 뒤에는 사람들이 하이에나로 부르며 적대시했다.

1930년대, 결국 야생의 태즈메이니아늑대는 멸종……

신생대 제4기 홀로세

멸종의 주머니에서 되살아오라!

마지막 태즈메이니아늑대는 1936년 9월 7일,
오스트레일리아 태즈메이니아주의 동물원에서 죽었다.
이것으로 태즈메이니아늑대는 멸종했다.

지금도 남아 있는 흑백 영상.

암컷이었지만 무슨 까닭에서인지 '벤저민(남자 이름)'이라고 불렸다.

다행히 100여 년 전 만들어진 새끼 태즈메이니아늑대의 표본에서 기적적으로 보존 상태가 좋은 DNA를 추출할 수 있었다. 그 덕분에 **태즈메이니아늑대의 모든 '유전체'가 해독되었다!**
'유전자의 설계도'라고 불리는 유전체 해독은 태즈메이니아늑대를 복제하거나 종을 부활시키는 과정에 있어 커다란 한 걸음이었다!

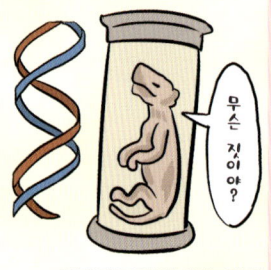

엄마 태즈메이니아늑대의 '주머니'에서 꺼내어 보존하던 새끼 13마리 중 1마리의 DNA를 추출했다.

태즈메이니아늑대의 멸종은 인류가 멸종에 책임이 있다는 것을 보여 주는 사례이다.
태즈메이니아늑대는 '여행비둘기'와 함께 '부활시켜야만 하는 동물' 후보 중 우선순위가 높은 동물로 꼽히기도 한다.

제대로 기능하는 유전체 전체를 만드는 것은 쉬운 일이 아니지만, 언젠가 태즈메이니아늑대를 완전하게 재현할 수 있는 날이 올지도 모른다.

모아여, 도도여, 영원히 안녕…?

그렇지만 이미 멸종한 동물을 부활시키는 것은 과연 올바른 일일까?
또한, 되살린 태즈메이니아늑대를 태즈메이니아늑대라고 할 수 있을까?
이런 의문도 여전히 남아 있다.

뭐가 나올까?

랜덤 주머니

태즈메이니아늑대 부활기원

- 분류 : 포유강 유대목 주머니고양잇과
- 전체 길이 : 1~1.3m   추정 체중 : 30kg
- 서식지 : 오스트레일리아 태즈메이니아섬
- 멸종 시기 : 1936년
- 비고 : '태즈메이니아호랑이'로 불리는 것은 등에 줄무늬가 있기 때문이다.

여우원숭이들의 섬

아프리카에서 마다가스카르섬으로 건너간 여우원숭이들의 조상이 다양한 환경에 적응하여 진화하면서 여러 종류의 여우원숭이 종류가 탄생했다.

마다가스카르섬 안에만, 긴팔원숭이처럼 나무 위에서 생활하는 시파카, 여러 쌍이나 가족이 모여 생활하는 인드리가 산다. 세계에서 가장 작은 원숭이인 베르트부인쥐리머도 살고 있다. 그리고…… 고릴라처럼 커다란 메갈라다피스가 살았다.

마다가스카르섬에는 여러 종의 희귀 원숭이들이 살고 있다.
특히 여우원숭이 종류는 '마다가스카르섬을 상징하는 포유류' 이다.
천적이 없는 이 외딴섬에서는 희귀한 원숭이들이 오랫동안 번성했다.

그렇지만 약 2,000년 전 동남아시아에서 배로 이동해 온 사람들이 숲을 개간하고 가축을 방목하면서 메갈라다피스를 사냥하기 시작했고…….
약 500년 전, 메갈라다피스는 결국 멸종하고 말았다.

한편 메갈라다피스가 18세기까지 살아 있었다는 설도 있고, 지역 사람들 중에는 아직도 메갈라다피스가 살아 있다고 믿는 사람도 있다……
인류의 습격을 받았지만, 마다가스카르는 지금도 신비로 가득한 '여우원숭이섬'으로 남아 있다.

분류 : 포유류 영장목 메갈라다피스과
전체 길이 : 1.5m   추정 체중 : 80kg
서식지 : 아프리카 (마다가스카르섬)   멸종 시기 : 1500년경
비고 : 두개골 길이가 30cm나 되는 개체도 있지만, 뇌가 들어있는 부분은 작았기 때문에 지능은 고릴라만큼 높지 않았던 것 같다.

하늘을 한가득 덮었던 날개는 어디로?
여행비둘기 <Ectopistes migratorius>

그렇게 많던 비둘기가 멸종했을 리 없어!

북아메리카에 살았던 철새!
'여행비둘기'라는 이름대로 '오대호'에서 멕시코 연안까지
약 시속 100km로 이동했다.

캐나다 / 번식지 / 미국 / 월동지 / 멕시코

Let's TRAVEL!

날개를 움직이는 근육이 발달했다.

근육이 모든 것을 해결한다!

영차 / 으아악

고기 맛이 좋았다고……

씹는 맛이 좋군!

놀랍게도, 여행비둘기는
'새의 역사상 가장 개체 수가 많은 새'였다고 한다!
최고로 번성했던 시기에는 **50억 마리**에 달하는 여행비둘기가 살았다는 설도 있다.

여행비둘기가 무리를 이뤄 이동할 때는 하늘을 새까맣게 덮어 버리는 엄청난 광경이 펼쳐졌다고 한다.

뾰족한 꼬리깃.

신이시여!

3 마리
1,000원

할인 판매!

이 정도로 어마어마하게 많은 개체 수를 자랑하던 동물이 이 세상에서 사라지다니, 절대로 일어날 수 없는 일 같지만……?

신생대 제4기 홀로세

101

역사상 가장 많았던 새의 멸종

새의 역사상 가장 많은 개체가 살았던 여행비둘기. 그런데 대체 어쩌다가 멸종해 버린 걸까?

'서부 개척 시대'라고 불리는 1800년대, 여행비둘기가 사는 삼림과 황야가 차례차례 개발되었다.

살 곳을 빼앗긴 여행비둘기는 밭 같은 곳의 농작물을 휩쓸고 다녔고, 농민들에게 눈엣가시가 되었다. 각지에서 여행비둘기 사냥이 과열되기 시작했다!

사냥꾼들은 여행비둘기를 통에 가득 넣어 열차에 꽉꽉 실었다.

588통
무게 50,000kg
가격 3,489달러

······라고 전표에 써 있었을 정도.

보존 기술과 운송 수단을 발전시킨 **새로운 기술이 새로운 시장을 만들어 냈다. 게다가 포획 기술이 향상되면서 사냥은 더 대규모로 이루어졌다.**

미끼와 그물을 사용하여, 매년 엄청난 수(수십만 마리)의 비둘기를 잡았다고 한다.

1914년 9월 1일 오후 1시, '신시내티 동물원'에서 사육되던 여행비둘기 '마사'가 29살로 생을 마쳤던 날, 여행비둘기는 멸종했다.

'수가 많으니까 멸종할 리 없다!' 그런 굳건한 믿음이 완전히 틀렸다는 것을 여행비둘기는 그 멸종으로 보여 주었다.

- 분류: 조강 비둘기목 비둘깃과
- 전체 길이: 42cm   추정 체중: 260~340g
- 서식지: 북아메리카 대륙 동안
- 멸종 시기: 1906년 야생 절멸, 1914년 완전히 멸종.
- 비고: 현재 마사의 박제에서 DNA를 추출하여, 여행비둘기 복원을 시도하고 있다.

세계에서 멸종으로 가장 유명한 새
도도 <Raphus cucullatus>

맛도 없는데 잡아먹혀 버렸습니다.

도도의 이름은 포르투갈어로 '바보'를 의미하는 말인 'doudo'에서 유래했다는 설이 있다.

사람이 잡아먹거나, 사람이 데려온 동물들이 습격하기도 했고……

크르릉

으아악!

날지도 못하고, 맞서 싸울 방법도 없는 **도도는 완벽한 먹잇감**이었다.

거, 너무하네!

한편 도도처럼 사람을 두려워하지 않는 '앨버트로스'라는 새도 일본에서 '바보 새'라고 불린다.

잘난 척?

도도한 도도.

거위와 비슷한 크기.

명복을 빕니다.

용서 못해!

1681년 마지막으로 목격되었다고 한다. 인간에게 발견된 뒤 **겨우 100년 만**에, 도도는 멸종했다.

도도의 뼈대

이럴 수가!

현재 남아 있는 도도의 흔적은 모리셔스섬이 발견된 초반에 섬을 탐험했던 탐험가가 수집한 표본과 최근 발견한 화석뿐……. 그러나 남겨진 조직에서 유전 정보를 얻어 냈기 때문에, 도도를 '부활'시키는 일이(기술적으로는) 불가능하지 않다고 한다.

최근 DNA 연구에 의하면 도도는 비둘기과에 속한다고! 양부모가 되어 줄 비둘기가 있을지도 모른다.

유전적으로 가장 가까운 종은 '니코바르비둘기'.

엄마!

맙소사!

니코바르

신생대 제4기 홀로세

슈퍼스타 ★ 도도?

도도는 세계에서 가장 유명한 멸종 동물······.
이른바 '멸종 동물계의 슈퍼스타'라고 불릴만한 유명 인사다!
이 세상에 많고 많은 멸종 동물 중에서 도도는 어쩌다가 이렇게 유명해졌을까?

루이스 캐럴의 소설《이상한 나라의 앨리스》에는 도도가 등장한다.
캐럴이 일하던 대학교에 도도가 전시되어 있어서
캐럴은 자주 도도를 보러 갔다고 한다.

캐럴은 약간 말을 더듬었는데, 자기 이름을
말할 때 "도, 도, 도지슨······."이라고 말을 더듬는
경우도 있었던 모양이다.
(캐럴의 본명은 '찰스 도지슨'이다.)
캐럴은 괴로운 운명을 맞이한 도도에게서 친근감을
느꼈을지도 모른다.

그 후로 루이스 캐럴의《이상한 나라의 앨리스》는 큰 인기를 끌었다.
그 덕에 도도의 일러스트도 많은 사람의 눈에 들게 되었다.

도도는 '멸종한 새'로서 갑자기 전 세계에 이름을 알렸다.

현재 모리셔스에서 발행되는 지폐에는 도도의 모습이
위인들과 함께 인쇄되어 있다! 게다가 동물 보호를
상징하는 '아이콘'으로서도 큰 사랑을 받고 있다.

인류가 저지른 악행 탓에 지구에서 사라지고 만 도도······.
그러나 멸종 동물을 상징하는 '슈퍼스타'로 우리 인간들의
사회에서 '계속 살아 있다'고 할 수 있을지도 모른다.
도도가 존재했다는 것, 그리고 도도가 사라진 비극을 계속
전하는 것은 우리들 인류가 져야 할 의무가 아닐까?

분류 : 조강 비둘기목 비둘깃과
전체 길이 : 1m　　　　　추정 체중 : 25kg
서식지 : 모리셔스섬
멸종 시기 : 1681년 (마지막으로 목격된 해)
비고 : 학명은 '솔기 달린 느시'라는 뜻. 느시와 어디가 닮았는지는 알 수 없다고······.

따닥따닥 멸종
흰부리딱따구리

Campephilus principalis

분류 : 조강 딱따구리목 딱따구릿과

전체 길이 : 46~51cm / 추정 체중 : 450~570g / 서식지 : 북아메리카 남동부 / 멸종 시기 : 1967년?

북아메리카의 드넓은 원시림에 살았던 딱따구리!

붉은 관처럼 생긴 '도가머리'가 특징!

애니메이션 <우디 우드페커>의 모델이었다.

하하하하하! 웃는 딱따구리

커다란 부리로 큰 나무에 사는 '갑충(딱정벌레목에 속하는 곤충)'의 새끼를 먹었다.

흰부리딱따구리의 '부리'는 원주민들이 장식품으로 쓰기도 했고, 물물교환 상품으로도 이용했다고 했다.

큰 몸에 맞는 둥지를 만들기 위해서는 커다란 나무가 필요했다. 그러나 삼림 개발로 큰 나무가 줄어들면서 흰부리딱따구리 개체 수도 크게 줄었다. 그러다가 결국 **약 50년 전 멸종이 선언**되었다.

그런데 놀랍게도! 2005년 아칸소주 늪지대에서 **움직이는 흰부리딱따구리의 모습을 포착한 충격적인 영상**이 촬영되었다!

알아볼 수 있을까? !?

이것으로 흰부리딱따구리 '생존설'이 불거졌지만, 아직까지 흰부리딱따구리가 생존해 있다는 결정적인 증거는 발견되지 않았다. 또한 "비디오에 찍힌 것은 다른 종인 관머리딱따구리다."라는 흰부리딱따구리 생존설을 부정하는 주장도 굳건하다.

딱딱! 딱딱! 관머리딱따구리 너는?

흰부리딱따구리가 나무 기둥을 쪼는 소리는 두 번 연달아 들린다는 설이 있다. **지금도 깊은 숲속에는 그 독특한 소리가 울리고 있을까?**

신생대 제4기 홀로세

살아 있는 소, 살아난 말
우시우마 ⟨*Equus caballus*⟩
분류 : 포유강 기제목 말과

전체 길이 : 몸높이 120cm / 추정 체중 : 불명 / 서식지 : 일본 (다네가섬) / 멸종 시기 : 1946년

일본 가고시마현 다네가섬에서 사육했던 세계적으로 희귀한 말!

앞머리, 갈기, 꼬리털이 적다는 점에서 소와 닮았다고 하여, **'우시우마'** (일본어로 '우시'는 소, '우마'는 말.)라고 불렸다.

닮았어…? / '말'로 먹는 '소'

1931년에 **일본 천연기념물**로 지정되었다.

얇은 피부도 보기 드문 특징.

다네가섬 음악대 / 빠- / 뿌- / 빠- / 무거워

꼬리에 털이 없어서 벌레를 쫓기 힘들었다고.

원래는 정유재란 (1597~1598) 때, 명나라 군대가 부리던 말이었다. 그것을 10마리 정도 일본에 끌고 가서 키운 것이 기원이다.

다네가섬에서 번식에 성공하여, 1870년쯤에는 50마리가 되었다.

그렇지만 관청에서 말을 키우던 '공목' 제도가 폐지되어 모든 우시우마를 백성들에게 팔아 버리면서, (보통의 농가에서는 사육이 어려웠기 때문에) 숫자가 급격하게 줄어들었다!

1889년에는 섬 안에 수컷 1마리만이 남았다. / 외로워.

그 후에 큰 부자였던 '다카미시치 노스케'가 우시우마의 개체 수를 늘리기 위해 24마리의 우시우마를 키워 냈다. 하지만 마지막 1마리가 **1946년**에 **죽음**을 맞으면서 우시우마는 멸종하고 말았다.

유감이군.

철포(총) 같은 외래문화를 받아들이면서 발전했던 다네가섬…… 우시우마의 멸종은 씁쓸한 이야기로 전해 오고 있다.

이제 만날 수 없는 소?
오록스 〈*Bos primigenius*〉
분류 : 포유강 우제목 솟과

전체 길이 : 2.5~3.1m / 추정 체중 : 600~1,000kg / 서식지 : 유럽, 북아메리카, 아시아 / 멸종 시기 : 1627년

가축으로 기르는 소의 조상에 해당하는 야생 소!

뿔 양 끝의 폭은 최대 **1.5m!**

수만 년 전부터 인류 문명의 역사가 시작될 때까지 유라시아 대륙 남부의 초원과 삼림에서 서식했다.

동굴사자의 먹이였을 가능성이 높다.

소고기다!

차원이 다르지?

라스코 동굴의 벽화에도 그려져 있다.

서기 700년에는 프랑스 왕족만이 오록스를 사냥할 수 있는 특권을 누렸다.

남획과 농지 개발, 전염병 등에 의해 개체 수가 줄어들었다.
결국 1627년 어느 날 폴란드의 숲에서 나이 든 암컷 1마리가 죽어 있는 것이 발견되었고, 이것을 끝으로 오록스는 **멸종했다**.

안녕…

오록스와 유전적으로 가까운 소를 교배시켜
'오록스로 보이는'
종을 만들어 내려던 시도도 있었다.

완벽하게 똑같지?

뭔가 다른데…

그렇다고는 하지만, 만일 성공하더라도 겉모습만 닮았을 뿐……. 역시 멸종을 막는 것이 무엇보다도 중요하다.

신생대 제4기 홀로세

107

아열대 섬의 가수
오가사와라마시코
<Chaunoproctus ferreorostris>
분류 : 조강 참새목 되샛과

전체 길이 : 17~19cm / 추정 체중 : 불명 / 서식지 : 일본 (오가사와라 제도) / 멸종 시기 : 1828년

일본 '오가사와라 제도'에 서식했던 작은 새!
울음소리가 아름다웠다고 한다.

긴꼬리홍양진이
솔양진이
'마시코' 친구들
양진이

머리 크기에 비해
큰 부리가 눈에 띈다.

1828년에 포획된 것을 끝으로
발견 기록이 없어 멸종했다고 여긴다.
멸종한 이유는 밝혀지지 않았다.

일본에서는 이렇게 얼굴이 붉은
되샛과 새들을 마시코라고 부른다.

날개깃은 9장,
꼬리깃은 12장.

꼬리?

인간을 무서워하지 않았고,
아름다운 목소리와 외양을
가졌던 오가사와라마시코는
인간에게 전부 붙잡혀 버렸던 걸까?
그러나 먹을 수 없는 작은 새가
남획되었다고 보기는 어렵다.

결정적인 **멸종 원인**은 인간이 외부에서 데려온 동물들이었을 것이다.
알이나 새끼 새를 노리는 **시궁쥐**도 위협적이었지만,
가장 무서운 포식자는 뭐니 뭐니 해도 **고양이**였다!

도시에서도 섬에서도, 세계 어느 곳에서나
고양이는 오늘날 동물계에서 가장 무서운 사냥꾼이다.

나는 고양이
학원 원장!
고양섬 냥아치다!

와라!
고양이
학원

다른 데
가자

신생대 제4기 홀로세

사라진 두꺼비
황금두꺼비 <Bufo periglenes>

분류 : 양서강 무미목 두꺼빗과

전체 길이 : 약 5cm / 추정 체중 : 불명 / 서식지 : 코스타리카 / 멸종 시기 : 1989년

아름다운 오렌지색 몸을 가진 두꺼비!

영어로는 '골든 토드(Golden toad)'!

코스타리카에만 살았던 **고유종**. 1966년에 발견되었다.

전체 길이는 5cm.

암컷의 등에는 빨간 얼룩무늬가 있다.

수컷 / 암컷

어두워.

4~6월 번식기 이외에는 계속 지하에 숨어서 생활했다고 한다.

멕시코 / 코스타리카

꾸엑 꾸엑 꾸엑 꾸엑! / 꾸왁 꾸왁 꾸왁 꾸왁

번식기가 되면 일제히 나타나서 열대 우림을 오렌지색으로 물들였는데……

조용….

두꺼비들 조용하네.

어느 날 갑자기 완전히 모습을 감추었다. 1989년에 마지막으로 목격되었다.

가뭄과 **항아리곰팡이**의 유행, **자외선 증가** 등 여러 원인이 겹쳐 멸종했다는 설이 유력하지만……

아직 100% 멸종되었다고 확실하게 말하기는 어려운 '**재발견이 가장 기대되는 동물 10종**' 중 하나로 꼽힌다.

마치 황금빛 저녁 해가 지는 것처럼 모습을 감춘 황금두꺼비……. 아침 해가 떠오르는 것처럼 다시 모습을 드러내는 날이…… 올까?

개구리! 아침 해살 / 기다리셨나요?

신생대 제4기 홀로세

나는 박쥐, 너 배고파?
괌큰박쥐
⟨*Pteropus tokudae*⟩
분류 : 포유강 박쥐목 과일박쥣과

전체 길이 : 약 40cm / 추정 체중 : 불명 / 서식지 : 괌 / 멸종 시기 : 1968년

괌섬에 서식했던 커다란 박쥐!
영어로 '**괌 플라잉 폭스**(날아다니는 여우)'.

과일과 꽃의 꿀을 먹었다.

큰박쥐는 과일박쥐라고도 불린다.

고기가 맛있다고 알려져 있다!

원래 원주민들이 흔하게 쓰던 식재료였는데, 괌섬이 관광지로 인기를 끌면서 더불어 '과일박쥐 요리'가 **괌의 명물 요리**로 유명해졌다. 결국 이것이 남획으로 이어져 괌큰박쥐의 숫자가 급격하게 줄어들었다.

낮에는 나무에 매달려 잠을 잤다.

1968년 총에 맞아 죽은 괌큰박쥐가 최후의 1마리였다.

소? 치킨? 박쥐?

박쥐!

그러나 지금도 박쥐 요리의 인기는 시들지 않았고, **다른 곳**에서 **과일박쥐를 수입**까지 하면서 음식 문화를 존속시키고 있다고······.

인류의 식욕과 호기심은 하나의 종을 멸종으로 내몰 정도로 엄청나게 강력하다!

신생대 제4기 홀로세

강력한 두 발
툴라키왈라비 <Macropus greyi>
분류 : 포유강 유대목 캥거루과

전체 길이 : 약 76~84cm / 추정 체중 : 불명 / 서식지 : 오스트레일리아 / 멸종 시기 : 1937년

오스트레일리아 남부에 서식했던 캥거루과 유대류!

1846년 발견될 때만 해도 제법 많은 수가 살아 있었다.

캥거루와 왈라비는 몸집이 다를 뿐, 둘을 구분하는 명확한 기준은 없다.

'사회생활' 하는 왈라비

19세기에 유럽에서 건너온 이민자가 늘어나면서 **개척**에 의한 서식지 파괴와 왈라비 **사냥**이 자주 일어났다.

게다가 유해 동물로 여겨져 농가에서 미움받으면서 상금이 걸리기도 했다. 결국 많은 왈라비가 사냥당했다.

여기에 결정타를 가한 것이, 오스트레일리아에 들어온 육식 동물이었다.

캥거루와 왈라비 중간 크기인 '왈라루'도 있다.

강한 근육에 민첩함을 겸비했다. **운동선수만큼 훌륭한 신체 능력!**

긴 꼬리로 균형을 잡는다.

사냥 모임을 만든 이민자들이 배로 **붉은여우**를 운반하여 **오스트레일리아에 풀어 놓았다.**

숫자가 늘어난 붉은여우들 앞에 툴라키왈라비들은 속수무책이었다. **결국 1937년경 사라지고 말았다.**

신생대 제4기 홀로세

잃어버린 수달?
일본수달
⟨*Lutra lutra nippon*⟩ (일본 혼슈 이남에 서식했던 아종)
분류 : 포유강 식육목 족제빗과

전체 길이 : 65~80cm / 추정 체중 : 5~10kg / 서식지 : 일본 / 멸종 시기 : 2012년

과거 **일본 여러 지역에 서식했던 수달!**
1920년대에는 **도쿄 서쪽**을 흐르는 스미다강 등에서도 볼 수 있었다고 한다.
많은 먹이(하루에 1kg의 어류와 갑각류)를 먹기 때문에, **하천의 수질이 악화**되자 살아남기 어려워졌다.

게다가 **인간의 남획**으로 그 수가 줄어들었다.

결국 **2012년 8월**, 조용히 멸종이 선언되었는데……?

수영을 잘하고 사람을 잘 따랐다.
일본 민담에 등장하는 괴물인 '갓파'의 모델이다.

안 닮았어. 다시 그려!
갓파

멸종까지 신나게!
이야호!

일본 전통 술 이름의 유래가 되기도 했다.
달제
'수달이 잡은 물고기를 늘어놓은 것'이라는 뜻.

2017년, 나가사키현 쓰시마에서 일본수달이 찍혔다!

?
안녕, 안녕.

살아 있는 수달이 발견된 것 자체가 38년 만이었기 때문에 일본의 전문가들은 크게 흥분했다.
혹시 멸종했던 일본수달이 아닐까?
그런 말도 나왔지만……
우리나라 연안에 살던 유라시아 계통의 수달이 쓰시마에 흘러들어 정착했을 가능성이 크다.
그렇다고는 하지만 혹시라도 진짜 일본수달이라면……?
놀라운 재발견이 될 것이다!

축제
수달 축제를 열자!
이야호 ☆
달제도 축제 갈래!
작은발톱수달
달제

신생대 제4기 홀로세

오리여, 장미 같은 오리여!

분홍머리오리 ⟨*Rhodonessa caryophyllacea*⟩

분류 : 조강 기러기목 오릿과

전체 길이 : 35cm / 추정 체중 : 0.8~1.4kg / 서식지 : 인도 / 멸종 시기 : 1950년경

인도의 크고 넓은 습지에서 살았던 선명한 색을 가진 잠수하는 오리!

주로 갠지스강 상류에 서식했다.

인도

전진!

고! 고!

머리부터 목까지 **장미꽃처럼 밝은 핑크색!**

분홍 장미를 든 오리

오렌지색 눈.

물속에 잠수해서 물고기를 잡아 먹었다.

으아악!

물가 근처의 풀숲에 둥지를 만들었다.

원래부터 서식 개체 수가 적은 진귀한 새였는데, **고기**와 **깃털**에 비싼 값이 매겨지자 **남획** 등에 의하여 점점 사라져 갔다.

마지막 1마리는 인도 다르방가의 '다르질링 박물관'에 근무하던 학예사가 쏜 총에 죽었다. 그는 자기 개가 죽은 분홍머리오리를 물어 올 때까지 자기가 무엇을 쏘았는지 몰랐다고 한다.

물어 왔어!

추욱

목격 정보가 거의 없다가, 1950년경에는 확실하게 멸종했다고 한다.

이제 존재하지 않지만…

도감 인도의 새

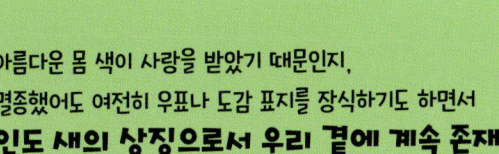

1100

아름다운 몸 색이 사랑을 받았기 때문인지, 멸종했어도 여전히 우표나 도감 표지를 장식하기도 하면서 **인도 새의 상징으로서 우리 곁에 계속 존재**하고 있다.

신생대 제4기 홀로세

열대의 꽃을 쪽쪽
하와이꿀먹이새 <Drepanis pacifica>

분류 : 조강 참새목 되샛과

전체 길이 : 10~12cm / 추정 체중 : 불명 / 서식지 : 미국 하와이주 / 멸종 시기 : 1898년

'하와이 제도'에서만 살았던 작은 새!

이름 그대로 꽃의 꿀을 빨아 먹으며 살았다.

꿀 빠는 삶이네.

그렇게 말하지 마!

쪽쪽

하와이꿀먹이새는 **약 32종**이나 있다.

다양성!

- 아파파네 (Apapane)
- 마우이 패럿빌 (Maui Parrotbill)
- 아키아폴라오우 (Akiapola au)

부리의 형태와 길이는 종류에 따라 다르다.

아래쪽으로 부드럽게 굽은 **긴 부리**.
하와이 현지에서는
'**마모(Hawaii mamo)**'라고 불린다.

이럴 수가!

여기 있던 꽃이?

자신의 부리 모양에 맞는 꽃의 꿀밖에 먹지 못했다. 그래서 농지 개발 등으로 그 꽃이 줄어들면 살아가지 못했다.

이거 아니야.

그렇게 말해도….

또 오래 전부터 **장식용**으로 남획되기도 하면서, 1898년에 멸종하고 말았다.

깨고 닥

후훗…

인간이 가지고 온 '조류 말라리아'와 '조류 수두' 같은 **열대 특유의 전염병**도 하와이꿀먹이새가 멸종한 이유 중 하나라고 한다.

아름다운 남쪽 나라에서 우아하게 춤추던 새들의 세계는 매우 **섬세한 균형**으로 이루어져 있었던 모양이다.

하와이꿀먹이새가 가진 검은 바탕의 노란 깃털은 특히 인기가 있었다고…….

신생대 제4기 홀로세

멸종의 롤러코스터
히스헨 ⟨*Tympanuchus cupido cupido*⟩
분류 : 조강 닭목 꿩과

전체 길이 : 40cm / 추정 체중 : 900g / 서식지 : 미국 뉴잉글랜드 지방 / 멸종 시기 : 1932년

'뉴잉글랜드초원뇌조'라고 불리기도 한다.

뇌조
나는 뇌조, 뇌조라네.

18세기 후반까지 값싸고 영양가 있는 식용 고기로 사랑받았다.

뉴잉글랜드의 '히스(Heath)'라는 식물이 우거진 황무지에 살았기 때문에 히스헨(Heath hen)이라는 이름이 붙었다.
('hen'은 암탉이라는 뜻.)

암컷을 유혹하기 위해 수컷은 목 양쪽의 공기주머니를 부풀려서 소리를 내는 구애 행동을 했다.
부웅…, 부웅…
수컷
히이응
암컷

화르륵 화륵
으아악!

식용으로 남획되어 **1870년경**에는 **개체 수가 급격하게 줄어**들었다!

그러나 '**히스헨 보호 구역**'이 지정되면서 **1916년**에는 **2,000마리**까지 숫자가 늘었다.

그런데 갑자기 히스헨 서식지에서 자연 발화에 의한 대규모 화재가 일어났고, 다시 개체 수가 감소하고 말았다!
게다가 치명적인 전염병이 만연하기도 하면서 **1927년**에는 불과 **12마리**만이 살아남았다.
결국 **1932년** '부밍 벤(Booming Ben)'이라고 이름 붙인 마지막 1마리가 죽음을 맞으면서 히스헨은 **멸종**했다.
약 20년 동안 비극적인 운명을 따라 추락해 간 히스헨······.
그렇지만 **미국인이 처음으로 멸종을 막으려고 했던 새**로서 지금도 그 이름이 추억 속에 새겨져 있다.

신생대 제4기 홀로세

1933년 4월 신문에 실렸다.
전부 불태웠어….

여우? 늑대?
포클랜드늑대 <Dusicyon australis>
분류 : 포유강 식육목 갯과

전체 길이 : 90~100cm / 추정 체중 : 20kg / 서식지 : 포클랜드 제도 / 멸종 시기 : 1876년

포클랜드

'포클랜드 제도'에 살았던 동물!
여우인지 늑대인지 알아보기 힘든 겉모습 때문에
'폭스 라이크 울프(Fox like wolf)'라고도 불렸다.
인간을 전혀 무서워하지 않아 쉽게 사냥할 수 있었다.
그래서 1834년에 포클랜드를 방문한 젊은 다윈은

"포클랜드늑대는 도도새 같은 운명을 맞을 것이다."
……라고 예언했는데 실제로 그렇게 되고 말았다.

1876년에 마지막 포클랜드늑대가 총에 맞았다.

으아악!
기러기 같은 새를 잡아먹었다.

털 결은 촘촘하고, 부드럽다.
몸길이는 약 1m.

역시 그렇군.
늙은 다윈

포클랜드늑대는 포클랜드섬에 살던 유일한 토착 갯과 동물이었다.
왜 이 늑대가 남아메리카 대륙에서 500km나 떨어진 포클랜드섬에
도착했는지는 아직도 **많은 수수께끼**가 남아 있다.
'야생에 적응한 집개인가?', '떠내려 온 나무를 타고 왔나?' 등등
그 기원에 대해 여러 설이 있었지만, 어쨌든 근거는 약했다.
그렇지만 2009년 **남아 있는 모피에서 DNA를**
추출해 보니, 포클랜드늑대가 남아메리카에서 대형화한
남아메리카의 독자적인 갯과 동물이었다는 것이 밝혀졌다.
이에 따라, 포클랜드늑대가 빙하기에 남아메리카로부터 얼어붙은 빙하를
건너 와 포클랜드섬에 도착했다는 설도 주목받고 있다.
불가사의한 멸종 늑대는 **그 발자취도 불가사의하다.**

둥실둥실

우리 섬에 오세요!
포클랜드섬
추위!
섬이 보인다!

신생대 제4기 홀로세

한없이 사슴에 가까운 블루
파란영양 ⟨*Hippotragus leucophaeus*⟩
분류 : 포유강 우제목 솟과

전체 길이 : 1.8~2.1m / 추정 체중 : 160kg / 서식지 : 남아프리카 / 멸종 시기 : 1800년

아름다운 푸른색 몸으로 초원을 달렸던 동물!

'파란영양(영어로는 Bluebuck)'이라는 이름처럼 푸른빛이 도는 아름다운 회색 털을 가졌다.

사슴처럼 보이지만 실제로는 솟과 동물.

그래?

파란영양 목장

음매...

뒤쪽으로 부드럽게 휜 뿔.

따뜻해.

블루벅스 커피

← 손잡이 흉내

짧은 갈기.

건조한 초원과 숲에 작은 무리를 만들어 식물의 잎 같은 것을 먹으며 평화롭게 살았다.

서식지는 남아프리카. 금과 다이아몬드가 많이 나오는 곳이어서 일찍이 개발되었다.

아프리카에서 죽다.

파란영양의 **아름다운 모피와 뿔은 희소가치가 있었다.** 때문에 **수렵과 스포츠 사냥의 대상**이 되어, 보호받을 새도 없이 1800년에 멸종……!
파란영양은 **'아프리카에서 최초로 멸종한 대형 포유류'** 라는 비극적인 칭호를 받고 말았다.

받고 싶지 않아

신생대 제4기 홀로세

아름답고 화려한 레드
쿠바붉은머코 ⟨*Ara tricolor*⟩
분류 : 조강 앵무목 앵무과

전체 길이 : 40~50cm / 추정 체중 : 불명 / 서식지 : 남인도 제도 / 멸종 시기 : 1885년

화려한 색의 깃털이 아름다운 대형 앵무!

아침 일찍 숲의 높은 나뭇가지 끝에 모여서 서로 울음소리를 주고받다가 저녁이 되면 각자 둥지로 돌아갔다.

17세기에 천국을 그린 그림에 자주 등장했다.

부리가 튼튼해서 딱딱한 나무열매도 잘 부쉈다!

쿠바붉은머코는 그 아름다움 때문에 엄청난 인기를 끌었다.

17세기 부유층은 쿠바붉은머코의 깃털로 모자와 옷을 장식했다.

애완동물로도 유행했다.

머리나 혀를 귀하고 맛있는 음식으로 즐겼다는 설도?

인간이 농지 개발을 위해 나무를 벌목하면서 몸을 숨길 숲을 잃어버렸다.
게다가 총까지 가진 인간 앞에서 쿠바붉은머코는 남김없이 깨끗하게 멸종해 버리고 말았다.
아름다운 생물의 가장 무서운 천적…… 그것은 누가 뭐래도 **인류**이다.

신생대 제4기 홀로세

설마 했던 화석
안경가마우지 ⟨Phalacrocorax perspicillatus⟩
분류 : 조강 사다새목 가마우짓과

전체 길이 : 1m / 추정 체중 : 6kg / 서식지 : 베링섬~일본 (아오모리현) / 멸종 시기 : 1850년경

가마우지 종류 중 가장 크다!

'캄차카 반도' 동쪽 베링섬에 살았다.

눈 주변 모양이 안경을 쓴 것 같다고 해서 안경가마우지가 되었다.

잘 날지 못하는 데다가 고기도 맛있었기 때문에, **인간에게 모조리 사냥당했을** 가능성이 높다.

안경가마우지

호오, 게가 유명하군요!

우아악!

1850년경 멸종이 발표되었다.

안경가마우지는 **베링섬에만 살았던** 고유종으로 여겨졌다.

그런데 어쩐 일인지 베링섬에서 약 2,400km 떨어진 **일본 아오모리현** 시리야 지역에서 안경가마우지 화석이 발견됐다!

네가 왜 여기서 나와?

화석

★베링섬

먹구나!

시리야

이 발견으로 약 12만 년 전에는 안경가마우지가 베링섬뿐 아니라 **아오모리현을 포함하는 넓은 지역**에 서식했다는 것을 알 수 있다.

기후 변동으로 아오모리현 주변 바다의 먹이가 줄어들면서, 인류에게 발견된 시점에서는 이미 서식지의 대부분을 잃어버린 뒤였던 것 같다.

이렇게 작은 화석의 발견으로 **생물의 발자취**가 **완전히 다른 모습으로 변하는 일**도 있다.

호오, 다리뼈 인가요?

먹지 마세요.

신생대 제4기 홀로세

123

지금은 여섯 번째 대멸종기?

지구가 탄생하고 처음으로 지구에 생물이 나타난 뒤 지금까지, 생물의 '**대멸종**'은 모두 **다섯 차례** 일어났습니다.

횟수	지질 시대 · 대멸종이 일어난 연대		주요 멸종 동물과 멸종률
1	고생대	오르도비스기 말 약 4억 4400만 년 전	삼엽충, 완족동물, 산호류 등 모든 생물종의 85%가 멸종.
2		데본기 후기 약 3억 7400만 년 전	둔클레오스테우스 등 모든 생물종의 82%가 멸종.
3		페름기 말 약 2억 5200만 년 전	지구상 모든 생물종의 90~95%가 멸종.
4	중생대	트라이아스기 말 약 2억 년 전	암모나이트와 파충류 등 모든 생물종의 80%가 멸종.
5		백악기 말 약 6600만 년 전	대형 파충류, 공룡 종류 등 모든 생물종의 70%가 멸종.

현재 지구상의 생물들에게 **여섯 번째 대멸종의 시대**가 닥쳐왔다고 합니다. **인류를 포함한 거의 모든 생물이 멸종 위기에 처할 수 있다**고 할 정도입니다. 그 원인은 두말할 것 없이 우리 인류입니다.

지구에서는 인간이 벌이는 활동에 의한 환경 파괴가 계속되고 있습니다. 숲을 파괴하고 많은 화석 연료를 사용하는 인간 때문에, 이산화 탄소와 메탄 같은 온실 가스가 대기에 많이 배출되어 **지구 온난화**가 진행되고 있습니다. 현재 지구의 상황은 **네 번째 대멸종**(화산 폭발로 이산화 탄소 등의 온실가스가 대량 배출되어 온난화가 진행되면서 일어남.)**과 비슷하다**고 합니다.

이대로 가면 **많은 생물이 심각한 환경 변화에 적응하지 못해 멸종할 가능성이 높다**고 합니다. 우리들 인류가 미래에 이 책과 같은 '멸종 동물도감'에 소개되는 날이 올지도 모릅니다.

'적색자료집'이란?

야생 생물 전문가가 생물의 **멸종 위험도를 평가하고, 그 결과를 목록으로 만든 것을 '적색목록(Red List)'** 이라고 합니다. 이렇게 적색목록에 올라간 **동물이 어떻게 살고 있고, 어떤 이유로 멸종 위기에 몰렸는지 그 원인 등을 담은 책을 '적색자료집(Red Data Book)'** 이라고 합니다.

IUCN은 생물의 멸종 위험도를 다음과 같은 9단계로 분류합니다.

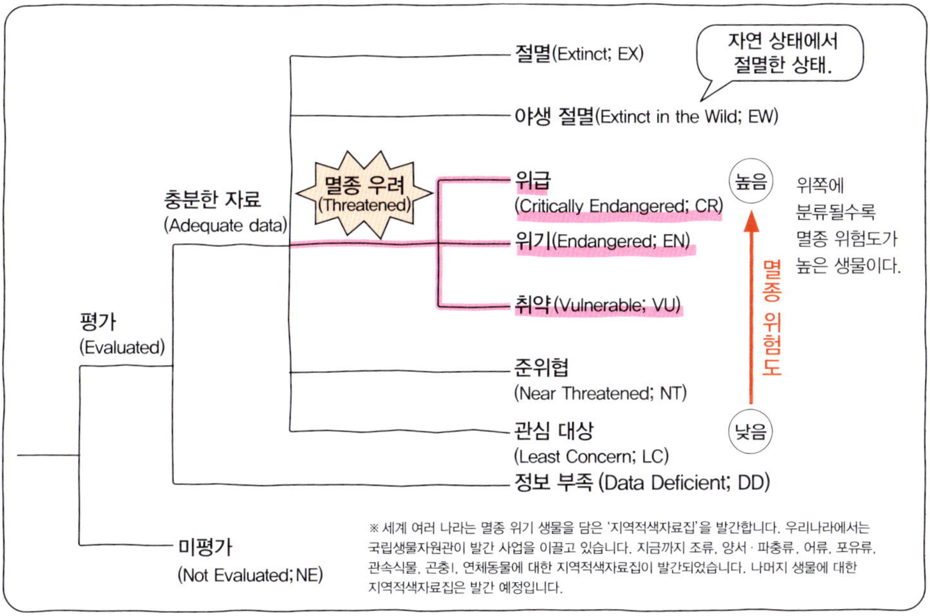

- 평가(Evaluated)
  - 충분한 자료(Adequate data)
    - 절멸(Extinct; EX)
    - 야생 절멸(Extinct in the Wild; EW) — 자연 상태에서 절멸한 상태.
    - 멸종 우려(Threatened)
      - **위급(Critically Endangered; CR)**
      - **위기(Endangered; EN)**
      - **취약(Vulnerable; VU)**
    - 준위협(Near Threatened; NT)
    - 관심 대상(Least Concern; LC)
    - 정보 부족(Data Deficient; DD)
  - 위쪽에 분류될수록 멸종 위험도가 높은 생물이다. (멸종 위험도 높음↑낮음)
- 미평가(Not Evaluated; NE)

※ 세계 여러 나라는 멸종 위기 생물을 담은 '지역적색자료집'을 발간합니다. 우리나라에서는 국립생물자원관이 발간 사업을 이끌고 있습니다. 지금까지 조류, 양서·파충류, 어류, 포유류, 관속식물, 곤충I, 연체동물에 대한 지역적색자료집이 발간되었습니다. 나머지 생물에 대한 지역적색자료집은 발간 예정입니다.

2019년 1월 IUCN에서는 지구상에 존재하며 이름이 붙은 약 **190만 종**의 생물 가운데 **9만 8,512종**의 생물(동·식물, 균류 포함)을 평가하여, **2만 7,159종을 멸종 우려 등급**으로 분류했습니다. 2019년도 적색목록에서는 밀렵과 서식지 파괴로 '로우모나원숭이'가 **관심 대상(LC)에서 취약(VU)으로 멸종 위험도가 상승**하여 멸종 우려 종이 되었습니다. 그러나 2018년에는 멸종 위급(CR) 종이었던 '염습지게코'의 **멸종 위험도가 준위협(NT)으로 하락하여, 멸종 우려 종에서 벗어나는 기쁜 소식**이 있기도 했습니다. 이렇게 멸종 우려 종에서 제외되는 동물이 늘어나도록 앞으로도 우리 인류는 계속 노력해 나가야만 할 것입니다.

* 일러스트는 2016년 적색목록 기준

멸종을 막기 위해서는

세계 각국에서는 적색목록에 게재된 종을 보호하기 위하여 다양한 활동을 진행하고 있습니다. 그 결과 눈에 띄게 좋은 결과를 얻은 생물도 있었습니다. 다음은 그 예시입니다.

생물 종	서식 상황과 주요 보호 활동	성과
검은발족제비 (Mustela nigripes)	1996년 야생에서 멸종했다고 알려졌지만, 인공 사육과 번식 활동 등이 이루어져 현재 미국과 멕시코에 약 200마리가 서식하고 있다.	2008년에 '야생 절멸(EW)'에서 '위기(EN)'로 등급이 내려갔다.
푸른이구아나 (Cyclura lewisi)	한때 야생 개체수가 25마리밖에 남지 않았었지만, 인공 사육과 번식 활동 등이 이루어져 현재 400여 마리가 서식하고 있다. 안정적인 서식이 기대되는 종이다.	'위급(CR)'.
티베트영양 (Pantholops hodgsonii)	모피 때문에 남획되는 바람에 1990년대에는 약 7만 2,500마리까지 개체 수가 감소했지만, 밀렵꾼에 대한 대책이 마련되어 10만에서 15만 마리까지 숫자가 회복되었다.	2016년에 '위기(EN)'에서 '준위협(NT)'으로 등급이 내려갔고, '멸종 우려'에서 제외되었다.
마요르카 산파개구리 (Alytes muletensis)	포식자에게 잡아먹히거나 서식지를 둘러싼 경쟁, 인간의 자연 개발 등에 의하여 숫자가 감소했다. 포식자를 제거하는 보존 프로그램, 사육 번식과 방사, 그 외 여러 보존 활동이 이루어졌다.	2006년에 '위급(CR)'에서 '취약(VU)'으로 등급이 내려갔다.
인디고머코 (Anodorhynchus leari)	국제 거래를 위한 채집 같은 불법 행위로 1983년에는 개체 수가 60마리 정도에 불과했다. 현재는 워싱턴 조약과 브라질 법률로 보호받고 있다. 번식지를 감시하고, 밀렵꾼·밀수업자·불법 채집 단속을 이어가고 있다.	2009년 '위급(CR)'에서 '위기(EN)'로 등급이 내려갔다.

이외에도 전 세계에서 다양한 생물 보호 활동을 통해 **멸종 위기에서 벗어나는 생물이 나타나고 있습니다.** 우리들 인류의 욕심 때문에 사라지는 동물이 더 이상 늘어나지 않도록 지구에 사는 생물의 한 종으로서 우리가 할 수 있는 일을 생각해 나가야만 하겠습니다.

맺음말

우아!(인사) 왠지 이상한 호기심이 넘쳐나는 유쾌한 여러분, 안녕하세요! 멸종 동물들의 대변인, 누마가사 와타리입니다. 제가 쓰고 그린《왠지 이상한 멸종 동물도감》을 재미있게 읽으셨나요?
아무래도 '멸종'……이라니, 정말 무섭고 강렬한 울림이 있는 말이지요. 파멸의 '멸(滅)'에, 한 생물 종을 이르는 단어인 '종(種)'. 설령 한자를 잘 알지 못하는 어린이 여러분도 '다시 되돌릴 수 없는 위험한 무언가'라는 강렬한 분위기를 이 글자들에서 느낄 수 있으리라 생각해요. '센 말'이 가득한 현대 사회에서도 정말 '엄청나게 무시무시한 말'이라고 부르기에 부족함이 없는 단어, 그 단어가 바로 멸종입니다.
지구의 생물들은 역사상 다섯 번의 대멸종을 맞았어요. 지구의 많은 생물을 멸종으로 몰아갔던 대멸종은 '빅 5'라고 묘하게 멋있는 이름으로 불리기도 해요. 이 빅 5 중에서 가장 최근에 일어났던 대멸종이 바로 공룡의 멸종입니다. 공룡의 입장에서 생각해 보면, 수많은 고난을 이겨 내고 지구의 지배자가 되었더니 운석 충돌(여러 설이 있습니다만) 같은 결코 피할 수 없는 사고로 멸망해 버린 것이지요. "이럴 수가!"라는 말로는 부족할 만큼 불합리한 일입니다만…….
우리들 인간은 믿을 수 없을 정도의 행운과 악운으로, 이런 엄청나게 불합리한 대멸종을 지나 어떻게든 살아남아서 진화해 온 생물들의 후손입니다.
그런데 지구에 여섯 번째 대멸종이 닥쳐왔다고 합니다. 영화 제목처럼 말하자면, 〈대멸종 6〉입니다. 여섯 작품 째…… 아니, 여섯 번째인 이번 대멸종을 몰고 온 악역은 무엇일까요? 거대 운석일까요? 강력한 괴물일까요? 그것도 아니면 미지의 바이러스일까요? 물론 그 무엇도 아니지요. 진짜 '최종 보스'는 바로 우리들, 인간입니다!
인간의 가장 무서운 능력을 한마디로 표현하면, 그건 누가 뭐라 해도 바로 '지성'입니다. 인간은 특별한 지성을 손에 넣은 뒤로 여러 가지 도구나 무기를 만들었고, 여럿이 협력하여 다른 동물을 함정에 빠뜨리거나, 먼 거리를 가뿐히 이동하거나 하면서 지구라는 무대에서 계속 '승리'를 거두어 왔습니다. 그 정도로 지성은 압도적인 '이점'인 것입니다. (동물에게도 인간의 이해를 벗어나는 동물 나름의 지성이 있기는 합니다만.)
인간이 이 훌륭한 지성을 사용하여 스텔러바다소와 큰바다쇠오리에게 저지른 잔혹한 짓을 읽으면서 '인간, 용서 못해!'라고 분노하는 마음이 든 독자분도 많으시겠지요. 인간은 자기 욕망을 충족시키기 위해서 다른 동물들을 계속 죽이고, 결국에는 멸종까지 몰아가고 마는 생물입니다. 유감스럽지만, 잔인한 생물이지요. 인간이 저지른 일들을 되돌아보면 인간이 잔인한 생물이라는 생각이 적절해 보일 정도입니다.
그러나 동시에 인간은 멸종해 버린 동물의 이야기를 전하거나, 사라진 동물이 어떤 생활을 했었는지를 화석으로부터 상상하기도 합니다. 또 멸종 동물에 관한 책을 읽거나, 같은 잘못을 반복하지 않겠다고 생각하기도 합니다. 그리고 실제로 다른 동물을 멸종으로부터 구하는 일이 가능한 생물도, 또한 인간뿐입니다. 정말로 인간이란 보통의 방법으로는 짐작하기 어려운 복잡한 생물이 아닌지요?
인간은 지성을 가진 생물이기에 지구에서 가장 잔인한 생물이 되기도 하지만, 동시에 지성에 의해 지구에서 가장 상냥한 생물이 될 수도 있습니다.《왠지 이상한 멸종 동물도감》과 같은 책을 읽는 것도 그런 상냥한 인간에 가까워지는 한 걸음이 되겠지요. 반드시 이 책을 한 손에 들고 박물관에 가 보거나 전문적인 책을 읽어 보기도 하면서, 과거 지구에 살았던 독특한 동물들의 모습을 그려 보세요.
몇 번이나 대멸종을 이겨 낸 지구의 동물들과 우리 인간들의 미래에 앞으로도 축복이 가득하기를 바랍니다.

누마가사 와타리

용어 해설

*본문에 여러 번 나온 단어는 가장 처음 사용된 쪽을 표기하였습니다.

개체군   8
일정한 지역에서 같은 종의 생물이 무리를 이루어 생활하는 집단.

고유종   92
어느 한 지역에만 있는 특정한 생물 종. 섬처럼 격리되어 있는 지역에 주로 나타난다.

근연종   20
생물의 분류에 있어 가까운 공통 조상을 가진 종류.

기능적 멸종   124
특정 종의 숫자가 너무 적어 생태계 내에서 역할을 하지 못하는 상태. 번식할 수 있는 개체가 없거나 적어서 새로운 개체가 태어날 가능성이 없는 멸종에 가까운 상태를 이른다.

기제류(관련어: 우제류)   10
발굽이 있고, 뒷발의 발가락 수가 홀수인 포유류. 말, 당나귀, 코뿔소 등이 속한다.

매머드 스텝   81
신생대 제4기 플라이스토세 말엽에 있었던 빙하기에 유라시아 대륙 북부와 아메리카 대륙 북부에 위치했던 생물 군계. 매우 춥고 건조하며, 먼지가 많은 지역이었다고 한다. 주로 풀, 허브, 관목이 자랐으며, 이는 매머드 스텝에 살던 털이 많은 초식 포유동물들의 좋은 식량이 되었다.

맹그로브(Mangrove)   18
열대·아열대 지방의 해변이나 하구의 습지에 자라는 나무를 통틀어 이르는 말.

멜론 기관(Melon)   34
이빨고래류의 이마에서 발견되는 기관. 고래가 내는 소리를 조절하고, 들려오는 소리를 분석할 수 있도록 돕는다. 고래의 의사소통과 반향 정위에 중요한 역할을 한다.

변태   73
성체와 모습이 전혀 다른 어린 시기를 거치는 동물이 어린 시기를 지나 성체로 변화하는 것을 이르는 말.

청소동물   31
생물의 사체 등을 먹이로 삼는 동물을 통틀어 이르는 말. 까마귀, 하이에나 등이 속한다.

사바나   14
열대에 위치한 긴 풀과 키 작은 나무들이 자라는 초원 지대. 건기가 뚜렷하며, 열대·아열대 지방에 발달한다.

생물 다양성   74
어떤 지역에 살고 있는 생물의 다양한 정도를 이르는 말. 생물 다양성이 높을수록 생태계가 안정적으로 유지된다. 한 지역에 존재하는 생태계가 다양하고(생태계 다양성), 한 지역에 사는 생물의 종류가 다양하며(종 다양성), 같은 종류의 생물이 유전적 차이로 다양한 특징을 가질 경우(유전적 다양성) 생물 다양성이 높다고 한다.

식육목   15
포유강의 한 목으로, 주로 육식을 한다. 이가 날카롭고, 발톱과 송곳니가 발달했다. 갯과, 고양잇과, 족제빗과, 곰과, 물갯과 등으로 나뉜다.

아종(관련어: 종)   84
종을 세분한 생물 분류 단위. 다른 종이라기에는 닮았고, 같은 종이라기에는 다른 점이 많으며, 사는 곳이 다른 한 무리의 생물을 분류하는 단위이다.

영구 동토   48
토양이 2년 이상 영하로 유지되어 얼어 있는 땅.

우제류(관련어: 기제류)   10
발굽이 있고, 발가락 수가 짝수인 포유류. 멧돼지, 하마, 낙타, 사슴, 기린 등이 속한다.

원원류 99
영장류에 가까운 진원류(일반적인 원숭이 종류)보다 원시적인 원숭이 종류. 주로 야행성이고 진원류에 비해 지능이 낮은 편이다. 여우원숭이류, 로리스류, 안경원숭이류가 속한다.

유대류 15
완전히 성장하지 않은 새끼를 낳아, 육아낭에서 키우는 포유류의 한 종류.

유전체 98
한 생물, 혹은 하나의 세포가 가진 모든 유전 정보. 우리가 흔히 이르는 유전자, DNA, 염색체는 모두 유전체에 포함된다. 유전자는 유전 정보가 저장된 DNA의 특정 부분을 일컫는다. DNA는 많은 수의 유전자로 구성되어 있다. DNA는 염색체를 구성하는 한 부분으로 모든 염색체를 구성하는 DNA가 가진 유전 정보를 유전체라고 한다.

종(관련어: 아종) 14
생물을 분류하는 가장 작은 단계. 자연 상태에서 짝짓기를 하여 번식 능력이 있는 자손을 낳을 수 있는 생물 무리를 이른다. 생물 분류는 작은 단계부터 큰 단계까지 순서대로 '종→속→과→목→강→문→계'로 나뉜다. (사자를 예로 들 경우. 사자→표범속→고양잇과→ 식육목→포유강→척삭동물문→동물계)

초본 식물 44
줄기가 연하고 나무의 성질을 띠지 않는 풀과 같은 식물.

공포새(Terror bird) 14
지상에 진출하여 육식 공룡과 비슷한 체형을 갖게 된 조류.

퇴적 18
어떤 물질이 빙하, 바람, 물 등에 의해 운반되어 일정한 곳에 쌓이는 일.

학명 11
언어와 상관없이 국제적으로 통용되는 생물 종의 이름으로, 이명법에 기초하여 만들어진다. 이명법은 속명과 종소명으로 구성되며, 마지막에 학명을 붙인 사람의 이름이 붙는다. 학명을 붙인 사람의 이름은 생략 가능하다.(표범의 학명인 *Panthera pardus* Linnaeus에서 *Panthera*는 표범속을 이르는 속명이고, *pardus*는 표범을 가리키는 종소명이다. Linnaeus는 이름을 붙인 명명자인 린네이다.)

한대 10
가장 따뜻한 달의 평균 기온이 10℃ 이하인 지역. 그린란드, 아이슬란드 북부 등이 속한다.

참고 문헌
- 《대단한 고대 생물 도감》, 가와사키 사토시, 봄나무, 2018.
- 《최강 동물왕:멸종동물편》, 학연컨텐츠개발팀, 다락원, 2016.
- 《新版 絶滅哺乳類圖鑑》, 冨田 幸光, 九善, 2011.
- 《古第三紀, 新第三紀, 第四紀の生物》上下卷, 土屋 健, 技術評論社, 2016.
- 《太古の哺乳類展》圖錄, 国立科学博物館.
- 《絶滅動物データファイル》, 今泉 忠明, 祥伝社, 2002.
- 《絶滅した奇妙な動物》1, 2, 川崎 悟司, ブックマン社, 2009.
- 《謎の絶滅動物たち》, 北村 雄一, 大和書房, 2014.
- 《学研まんが新·ひみつシリーズ 絶滅動物のひみつ》1~4, 学研教育出版, 2014.
- 《絶滅動物調査ファイル》, 里中 遊歩, 実業之日本社, 2013.
- 《National Geographic》일본판 홈페이지.

지은이 **누마가사 와타리**

일본에서 활발하게 활동하고 있는 일러스트레이터입니다. 2016년부터 물에 사는 동물들과 새들을 다룬 동물도감을 인터넷에 공개하면서 큰 인기를 얻었습니다. 지금도 동물뿐 아니라, 영화나 드라마, 다큐멘터리, 애니메이션 등을 소재로 재치 있는 글과 유쾌한 그림들을 꾸준히 발표하며 많은 사랑을 받고 있습니다. 지은 책으로 《왠지 이상한 동물도감》, 《의외로 유쾌한 생물도감》 들이 있습니다. Twitter 계정:@numagasa / 일본어판 감수는 마츠오카 게이지.

옮긴이 **신은주**

한국외국어대학교 일본어과를 졸업한 뒤 전문 번역가로 활동하고 있으며, 번역가 모임인 '바른 번역' 회원이자 '왓북' 운영자입니다. 옮긴 책으로 《따로 또 같이》《우아, 똥이 나왔어요》《왠지 이상한 동물도감》 들이 있습니다.

한국어판 감수 **이정모**

연세대학교 생화학과를 졸업하고, 독일 본대학교에서 박사 과정을 수료했습니다. 서울시립과학관장으로 일하고 있습니다. 지은 책으로 《저도 과학은 어렵습니다만》, 《250만 분의 1》, 《과학책은 처음입니다만》 들이 있습니다.

왠지 이상한
멸종 동물도감

지은이 누마가사 와타리 | **옮긴이** 신은주 | **한국어판 감수** 이정모

펴낸날 2019년 6월 20일 초판 1쇄, 2025년 7월 1일 초판 9쇄
펴낸이 신광수 | **출판사업본부장** 강윤구 | **출판개발실장** 위귀영
아동인문파트 김희선, 설예지, 이현지
출판디자인팀 최진아, 박남희 | **출판기획팀** 정승재, 김마이, 이아람, 전지현
출판사업팀 이용복, 민현기, 우광일, 김선영, 이강원, 신지애, 허성배, 정유, 정슬기, 정재욱, 박세화, 김종민, 정영묵
출판지원파트 이형배, 이주연, 이우성, 전효정, 장현우
펴낸곳 (주)미래엔 | **출판등록** 1950년 11월 1일 제16-67호
주소 서울특별시 서초구 신반포로 321
전화 미래엔 고객센터 1800-8890 팩스 541-8249 | **홈페이지** www.mirae-n.com

ISBN 979-11-6413-147-1 73490

책값은 뒤표지에 있습니다.
파본은 구입처에서 교환해 드리며, 관련 법령에 따라 환불해 드립니다. 다만, 제품 훼손 시 환불이 불가능합니다.

KC 마크는 이 제품이 공통안전기준에 적합하였음을 의미합니다.
사용 연령: 8세 이상